NACUBO
National Association of
College and University
Business Officers

高等教育领导力丛书

卓越高等教育指南

——大学评测、规划和改进整合方法

布兰特·罗本 (Brent D. Ruben) 著
陈传夫 等 译

Excellence in Higher Education Guide

An Integrated Approach to Assessment, Planning, and Improvement in Colleges and Universities

WUHAN UNIVERSITY PRESS
武汉大学出版社

图书在版编目(CIP)数据

卓越高等教育指南:大学评测、规划和改进整合方法/(美)罗本著;陈传夫等译.—武汉:武汉大学出版社,2015.8
高等教育领导力丛书
ISBN 978-7-307-14773-7

Ⅰ.卓…　Ⅱ.①罗…　②陈…　Ⅲ.高等教育—研究　Ⅳ.G64

中国版本图书馆 CIP 数据核字(2014)第 257597 号

著作权合同登记号:图字 17-2014-190

责任编辑:李　琼　　责任校对:汪欣怡　　版式设计:马　佳

出版发行:**武汉大学出版社**　(430072　武昌　珞珈山)
(电子邮件:cbs22@whu.edu.cn 网址:www.wdp.com.cn)
印刷:武汉中远印务有限公司
开本:720×1000　1/16　印张:7.75　字数:123 千字　插页:1
版次:2015 年 8 月第 1 版　　2015 年 8 月第 1 次印刷
ISBN 978-7-307-14773-7　　定价:30.00 元

序 言

《卓越高等教育指南——大学评测、规划和改进整合方法》包括评测、规划和改进方面的两个重要方法。第一个方法是 Baldrige 模型——即在 Malcolm Baldrige 国家质量奖励项目中使用的评价标准和过程，该方法由美国国家标准和技术研究所研发并管理。第二个方法是美国高等教育委员会采用的一套评价框架。Baldrige 模型(Baldrige，2009)被普遍认为是最有用和最权威的组织评价模型之一，而由委员会设计的评价框架则是美国高等院校项目和机构评估中最明显和被广泛使用的标准。

通过解决高等教育中的特定需求，卓越高等教育(EHE)模型进一步扩展了 Baldrige 模型，在它的设计过程中也考虑了认可评估中使用的标准和术语，吸收了 Baldrige 模型和评价框架中的优点。虽然它们经常使用不同的词汇表，但 Baldrige 模型和评价框架都强调了领导力、评估、策略规划、结果测量和同类类比的重要性。同时它们认为评估和规划对于机构的有效性非常关键，应该并入机构的组织中。由于 Baldrige 范例强调改进，而评价框架将服从列为首要关注的问题，二者互相弥补，共同成为高等教育概念化、文本化、追求卓越和有效性的最佳指南。

EHE 模型的特点之一是灵活性和可扩展性。因为 EHE 模型使用了整合的概念和语言——可运用于机构中的任一部门——可运用于整个大学或者独立的学术机构，以及该机构内的行政、服务或学生生活组织和项目。这就意味着我们可以以传统的方式运用 EHE 模型来评价学术项目和功能，也可用它来评价机构内的其他项目、分支及其功能，以及这些部门如何合作。

当 EHE 模型在各个机构中广泛使用时，它能促成组织员工对机构卓越性的整体观点，并以此产生一个共有的词汇表供不同部门的员工交流。除了促进交流以及提升不同部门的共有使命感，EHE 模型还从系统的角度看待整个机构。对于机构内部人员而言，虽然大学中不同机构的差异是显而易见的，但对于机构外部人员却不明显。对于我们的支持者而言，最重要的就是学习、生活和参观经历中的各种要素如何共同起作用。大学中的所有部门共同产生一种体验，它成为学生、学者、校友、大众感知大学的基础，也是教职员工感受大学的基础。

EHE 模型提供了一个整合的方法来评测、规划以及改进整个机构。该框架能够在各个层面上进行有效的回顾和评估，从整体的角度提出可以改进的重点方向，并给出策略来提升优势，处理相关需求和机遇。

对于此书的出版，作者非常感谢 Baldrige 国家质量项目和美国高等教育委员会。我要特别感谢 Baldrige 国家质量项目的执行总监 Harry Hertz，前任总监 Curt Reimann，学术质量项目北方中心协会主席 Steve Spangehl，高等教育委员会主席 Judith Eaton，中部各州高等教育委员会主席 Jean Avnet Morse。他们都慷慨地分享了各自的知识和见解。

感谢我在 Rutgers 的同事们，他们参与了 EHE 模型的设计过程并推动了它的演变。Rutgers 学校内部大约有 50 个学术部门、学生事务部门、服务部门和行政部门使用了该模型对组织机构进行评测、规划和改进，从这些部门中我们学到很多。许多独立机构也参与了 EHE 评价模型的研究（Ruben et al.，2004；Ruben et al.，2007），他们也为该项目的进步作出了贡献。

我还要感谢另外 35 个使用了 EHE 模型的大学同事。特别感谢加州大学伯克利分校的 Phyllis Hoffman、Ron Coley 和 John Cummins，威斯康星麦迪逊大学的 Maury Cotter 和 Kathleen Paris，迈阿密大学的 Richard Norman、Willard Haley 和 Adolph Haislar，宾夕法尼亚州立大学的 Louise Sandmeyer、Ann Dodd 和 Carol Everett，阿拉巴马大学的 John Dew，纽约州立大学宾厄姆顿分校的 Jim Spring、Molly Nearing 和 Christina Knickerbocker，托莱多大学的 Jamie Barlowe 和 Nagi Naganathan，以及曾在得克萨斯州 A&M 大学工作的 Sue Redman 和 Jill Pollock。

特别感谢强生公司的管理者无私地分享了他们的知识和经验，他们是 Denis Hamilton、Karl Schmidt、Bill Quinn、Bob Bury、Mike Thalacker、Randy Beeman、Donnie Young、Mike Burtha 和 Jerry Cianfrocca。

感谢国家大学事务协会对本项目和本书出版的热心帮助，他们是 Donna Klinger、Connie Adamson、Al Davis、Susan Jurow、John Walda。感谢 Jay Morley 早期给予我们的支持。感谢 Karen Colburn 在本书写作过程中的帮助。

非常感谢我在 Rutgers 的同事们，特别是 Rutgers 大学组织发展和领导中心的 Sherrie Tromp、Kate Immordino 和 Barbara Corso。同时也要感谢 Stacy Smulowitz、Brian Agnew、Stacey Connaughton、Yana Grushina、Travis Russ、Lisa Mahajan、Kim Biegel、Jocelyn DeAngelis、Jen Lehr、John Fortunato 和 Tricia Nolfi，感谢他们为该项目花费了数年的时间。

Brent D. Ruben

目录

国家背景

高等教育机构培育了学生，为他们的职业生涯做了准备，为这些学生所在的社区、州、国家及更大范围的学术、经济和文化领域输送人才。正如康奈尔大学荣誉校长 Frank Rhodes 所言，高等教育“启发了大众的理解能力，培养了大众的品位，通过培养和训练一代代建筑师、艺术家、作家、商业领导者、工程师、农民、律师、医生、诗人、科学家、社会工作者和老师，为国家的健康发展作出贡献，产生了一代代拥护者、梦想家、实践者、中途退学者、父母、政治家、传教者、预言家、社会改革者、空想家和志愿者，他们影响、推动并形成了大众生活的路线”。

几乎没有任何社会机构像大学一样受到高度重视。出于以上原因及其他因素，高等教育的贡献一直受到公众视野和学术专业媒体的广泛认可。但是近年来，这些赞扬也伴随着警告。当然，最为人所知并引起争议的警告是 Spellings 委员会提出的(Spellings，2006)。在过去 25 年各种呼唤高等教育改革的报告中，没有任何一份报告像它一样获得如此多的关注和回应。

2005 年 9 月，Spellings 委员会由美国教育部的 Margaret Spellings 启动，要求“为高等教育设计出一个综合的国家战略，使其满足美国不同人口的需求，适应美国将来的经济和劳动力需求”(美国教育部，2005)。该委员会的最终报告《领导力测试：描绘未来的美国高等教育》于 2006 年 9 月发表，为改善高等教育提出了广泛的建议。在 8 月 9 日的报告草稿序言中，委员会描述了当前的情景：在美国第一所大学产生的 370 年之后，美国高等教育成为了我们最大的成就之一。但是，在这些成就之外，委员会认为美国高等教育在很多方面需要改善。随着 21 世纪的到来，关注那些有待解决的问题绝不是对美国大学成绩的轻视。我们长达一年的对高等教育当前问题的调查让我们得出一个不安的结论，即高等教育过去的成就让国家产生了未来毫无根据的满足。

现在是时候坦诚地面对问题了。在组成美国高等教育的各种机构中，我们发现许多值得表扬的部分，但是也有很多亟待改革的问题。当然，一眼看上去，大部分美国人并不认为大学是我们教育系统中现存的一个问题。长期以来，我们比任何一个国家都培养了更多的高等人才。

然而，一直处于竞争的前列的我们以至于开始认为美国高等教育的优越性是理所当然的。虽然美国人很少了解这点，但是这种忽略的后果是严重的。我们也许仍拥有大部分的世界优秀大学，但是其他很多国家已经跟上了我们的步伐，他们现在比我们培养了更多的高等人才。更严重的是，随着教育对我们共同繁荣的重要性日益提高，其他国家正在超越我们。(Spellings，2006a，3)

为了解决以上提出的“亟待改革”的问题，委员会提出以下六大建议：

1. 每个学生都有权利追求高等教育。因此我们建议美国应当以前所未有的努力，通过改善准备条件和持续性，解决非学术障碍以及显著提高对低收入家庭学生的帮助来拓宽高等教育的通道。
2. 为了解决高等教育日益上升的成本问题以及政府长期为高等教育提供财政支持所面临的现实问题，我们建议重建整个学生财政资助系统，引进新的激励因素来改善成本及机构生产力的评估和管理。
3. 为了直面 21 世纪的挑战，高等教育必须从一个基于声誉的系统转变为一个基于绩效的系统。我们呼吁高等教育创造一种拥有强大责任感和高透明度的文化。如果高等教育接受并实施严格的责任措施，我们的每一个目标，从拓宽教育通道、提升负担能力到提高质量和创新力，都将更容易实现。

4. 几乎毫无例外，高等教育必须处理学术项目和机构应如何转型以满足不断变化的知识经济需求的根本性问题。我们建议美国高等院校通过设计新的教学法、课程和技术实现不断的创新和质量提升，特别是促进科学和数学领域的学习。
5. 美国需确保公民一生都能够获得高质量、可负担的教育、学习和培训机会。我们建议设计一套终身学习的国家战略，来帮助所有公民意识到准备及参与高等教育在其生活中的重要性。
6. 美国需确保其大学在关键战略领域拥有实现全球领导力的能力。我们建议在国家参与全球竞争的关键领域如科学、工程、医药和其他知识密集型领域增加政府投入，并再次承诺引进全国及全世界的优秀人才来引导美国的下一次革新浪潮(Spellings，2006a，17-25)。

一方面，Spellings 委员会工作的影响以及教育部的后续努力具有至关重要的作用，它促使高等教育的注意力聚焦于报告中所提及的问题和主题。它激发了高等教育内部的对话，激励了无数的改进项目(Ruben et al.，2008)。另一方面，高等教育群体提出了针对报告内容、语气及对报告者的大量反对意见，所以这次号召教育群体、国会和教育部来友好地追求共同议题，促成有建设性的合作的努力并不十分成功。

理解并有建设性地回应外部意见

具有讽刺意味的是，客观分析 Spellings 委员会的报告和建议，我们发现委员会提出的问题几乎都不是新问题。事实上，大多数问题一直是高等教育群体内部讨论和担忧的问题(例如 Boyer Commission，1998；Eckel，Green，and Hill，2001；Kellogg Commission，2001；Massy，2003；Ruben，2004；Spangehl，2004；Weinstein，1993)。

在 2002 年，美国大学协会发布了当前高等教育面临的问题列表(2002，6-7)：

- 变化的学生数据

——大学毕业生在美国总人口中的比例上升

——学生缺乏大学预备课程

——非传统学生的比例增加

- 新的入学模式

——兼职学生增加

——在不同学校学习

——远程作业

- 信息爆炸

——可获得信息增加

——可获得信息的评价和质量控制下降

——从需要记住事实转变为发现和评价信息

——终身学习的需求和重要性增加

- 技术革新

——毕业生新的工作类型

——技术和线上学习改变了教室的性质

——职位需求的频繁变化及对持续性教育的需要

- 教学效果考核制

——更重视教学质量

——更多的州立课程规定

——强制性测试

——强调有效性和评估

- 新的教学地点和形式

——盈利性高等教育的增长

——远程教育

——合作型大学的产生

——更灵活的教学形式

- 变化的职场本质

——强调有创意的问题解决能力、团队精神和适应性

——需要高水平的脑力

——需要员工具有更高的技术水平和定量化能力

- 主要挑战和机遇的全球化本质

——国家边界的多孔性

——对于学生、教师和资源的国际性竞争

——世界范围的环境影响

——“9·11”事件之后对全球相互依赖性的意识

- 重新强调公民责任和团体价值

——学生志愿精神的提高

——循环的学生激进主义

——大学加入社区来解决当地问题的压力

- 资源限制

——对稀缺资源的竞争

——政府资助较少

——更依赖其他的资金来源

——更有效地使用当前资源

虽然关于高等教育的挑战有共同的理解，但是如何最好地处理它们却没有达成共识。每一个问题本身都相当复杂，并且经济问题、管理问题和任务的多样性互相联系所形成的网络让问题列表更加令人望而生畏。

对于我们这些工作在第一线的人们，这些问题也是庞大且复杂得超过了我们的控制。但是令人振奋的消息是：在我们自己的活动领域，我们可以对当前高等教育面临的根本性问题产生相当大的影响。

符合这个类型的三大重要问题包括：(1)我们与合作方的联系；(2)我们机构的运行；(3)处理不断变化的环境条件。这三大问题的每一个本身都是重要的，但它们又和高等教育面临的许多十分困难和互相联系的问题缠绕在一起——这些问题强调了系统评估、规划和创新的需求。

在缺乏额外资源的条件下设计新策略以面对日益增加的需求

为了应对内外部压力，大学中的国家单位、学术机构、学生生活部门、服务部门和行政管理部门都被要求在缺乏额外资源的条件下提高自身的质量和效率。

在这样的情况下这些机构很难作出最佳选择。要么忽略越来越高的期待，要么通过牺牲质量来满足日益增长的需求，要么寻找解决任务的新方法，要么在狭隘的活动范围内作出艰难的选择。每一次选择都包含潜在的利弊博弈问题，每次选择都会威胁到当前事业的范围和质量。在所有可能的选择性策略中，一个常见的主题就是对我们提供的活动进行优先级排序。如果找不到一个方法从集中性和关键性的角度对项目和服务进行排序，并相应地作出分配资源的规划，那么，合理的决策和改进就不会成为可能。

缩小学术和行政文化的差距

教师、学生管理人员和行政人员拥有不同的训练、作用和责任。因此，这些团体经常会衍生出与众不同的文化——这些文化有时候强调团队成员的价值和成就，却忽略了或没有恰当地重视其他团体对机构的项目、部门或机构本身的核心任务作出的所有贡献。无论这种情况何时发生，其必然结果是不同的部门、教职员工之间缺乏理解和互相尊重。这也反过来降低了士气，减少了有效的合作，浪费了宝贵的资源，影响了项目或服务的效果，最终破坏了机构在合作者中的声誉。总体而言，在高等教育机构内部，以及在每个单独机构中，增强对常见问题的共同理解，是跨越文化障碍和促进相互之间更有效合作的重要步骤。

更广泛地将高等教育机构和部门视为组织

教育学院、法学院、传播学院、文学院和管理学院有多大程度的不同？人力资源部门、机构研究部门、计算机服务部门和管理部门有多大程度的独特性？当然，第一个列表由学术专业组成，第二个列表由行政和服务单位组成。这就是每一类单位提供的项目和服务内容的主要区别。然而，从更高的层次分析，所有的单位是组织机构，在高等教育的大背景下共同运作。它们有许多相似点，因而能够相互学习。为了意识到并学习这些共同点，我们需要整合的框架和术语来思考、描述及分析机构和部门的工作(Massy，2003；Ruben，1995a)。为了实现这一点，我们需要整体的框架、概念和术语以及有洞察力的领导来打破部门边界，促进见解、策略、实际案例和经验的分享。

学习其他教育机构和医疗、商业和政府部门的有效做法

在高等教育和其他部门间的组织学习障碍就像高等院校内部的不同部门和分支之间的障碍。就学术任务而言，高等院校是独特的机构。然而，我们许多行政、服务部门与医疗、管理和商业部门有很多相似之处，从中可以相互比较、相互学习（Ruben，1995a，1995b，2004）。其他机构的某些部门也会涉及研究、指导、公众服务及其延伸活动，这些与大学的活动相似。我们越专注于自己的与众不同，就越会错过从其他机构学习知识和经验的机会。此外，当我们无法有效地聆听和学习对方，我们作为教学专家的可信度就会下降，我们为他人提供的价值观和实践选择的采纳率也会下降。

采纳持续进步和日常责任的哲学

高等教育一直致力于卓越。然而，批评者经常指出高等院校的改进速度较慢，而且这种改进只是偶然的而非持续的（Spellings，2006a，2006b）。在高等教育内部，创新和改进成为了解决教育潜在缺陷的主要讨论话题，一个又一个方法和模型被提出、讨论然后丢弃。委员会经常被组织起来进行深度调查并提出建议，这些建议也经常被其他委员会采用，这些委员会也为另一些委员会做调查并提出建议。有时候，为了追求完整、严格和完美的解决方案，我们会忽略一些不太完美的解决方法，而那些方法其实也有可能引导我们前进。因此，我们可能丧失让自己改善的机会，也有可能相关人士就不再愿意投入时间或精力在这场努力中。没有人会认为对于创新和改进的全面分析是不重要的。同样的，单方面的、自上而下的决策也充满危险。然而，过多无边界的分析和讨论、缺乏明确的行动计划——会导致组织瘫痪，并且最终会像缺乏分析一样导致糟糕的后果。因此，真正的挑战是采纳鼓励合作和咨询的方法，同时又要确保及时决策，确保这种改变不是空洞的语言。

扩大有能力和责任感的领导的基础

为了解决高等教育面临的诸多障碍，强有力的领导在各个层面和领域都是必需的。出于某些难以理解的原因，高等教育中领导力的发展一直没有像它在其他领域中一样被放在优先位置（Hecht，2006；Ruben，2004，2006a；Wolverton and Gmelch，2002）。通常人们会假设那些在学术或技术领域的卓越人士会自发地形成并发展其领导和管理能力。虽然这个方法确实产生了一些优秀领导，大多数人却认为其缺陷也是显而易见的。新领导的学习曲线是急剧变化的，因此这种必需的学习过程给大学和机构带来了痛苦的后果。为了改善这种局面，我们需要理清我们对高等教育领导者必要能力的理解，并创造一些机会来吸引、发展并且奖励具备能力的人。我们需要的领导者至少对有效的机构组成有预见性、拥有反思的习惯，以及促进合作及持续改进的能力。

积极面对压力和结果评估

在国家、州和各个机构层面上，扩大负责制和结果评估的适用范围的压力都越来越大（Eaton，2005；Field，2009；Miller，2006；Schray，2006；Spellings，2006a）。为了面对这一挑战，我们需要设计出一套有意义的评判标准来评估提供有用信息的各个部门的质量和有效性，如学术部门、学生生活部门、行政和管理部门，并使用这些信息来监管并改进结果。作为这个过程的一部分，我们所使用的信息可以被用来将我们的工作与其他与我们有共同任务的机构的表现进行对比，也能用来指导决策和资源分配。如果我们积极面对，评估的压力也能被视为机遇。决定、记录并确保我们的工作质量是必要的，谁会反对这个说法呢？学术工作的核心精神就是回顾和评估，谁又能反驳这一点呢？在处理这些问题时过多地反对和拖延很有可能导致评价标准和过程由他人强行决定，结果就很有可能比不上员工在追求目标的过程中起主导地位所带来的预期结果。

采纳广义的卓越

大学在学术界一直以质量著称。在这个方面，高等教育就是金牌标准——是其他行业寻求卓越的模范。但是当下有越来越多的关于高等教育卓越性的不同观点。至少有三种明显不同的观点（Volkwein，2006）：第一个观点可以被称为资源/声誉观，它强调机构和学科的评估或排名，员工的成就和资质，可用的财政资源，学生等级和分数，研究深度和资助。第二种是以用户为中心的模型，它强调学生的经历，教学质量，项目的可得性，学费水平以及校友和雇主的观点，并且十分重视学生对项目、服务和教学设施的满意度。第三种是策略投资模型，强调投资回报率、成本收益分析、花费控制、规则和服从以及效率测量，如入学率、每个学生的学习时间、获得文凭的时间和花销（Volkwein，2006）。第一种模型是员工偏好的模型，虽然这种模型也在不断变化，但其一直被用来进行外部评估。学生、父母、校友和雇主经常强调第二种以用户为中心的模型。政府官员、董事会和托管人则普遍被第三种策略投资的模型所吸引。

大学管理人员在意识到三种方法各有局限性后努力调和这三种方法（Volkwein，2006）。每一个观点都有价值，这些模型也不是互斥的。事实上，最成功的机构、部门和项目都会找到包含这三种观点的方法。当然，这也会提升学生、员工、项目、部门、学科或整个机构的排名，改善我们与合作单位的关系以及有策略地使用资源以产生投资回报。无论如何，在一个特定的项目、部门或机构中认真思考“卓越”和“有效”的含义非常关键，我们需要一种观点鼓励我们在学术、学生生活、支持性服务和行政管理等各个层面向卓越努力。

整合评估、规划和持续进步的方法

大多数大学有进行学术评测、规划和改进的步骤。有时候，这些活动由行政人员管理，但其功能未能很好地整合起来。评测和规划活动可能在机构层面发生，它们可能不会与项目或部门层面的活动有直接联系。或者行政服务领域使用的标准和方法不同于学术或学生生活领域使用的方法。

我们越来越意识到形成统一的结构和语言的好处，它能在各个层面和不同的部门及项目中指导评测、规划和改进。整合后的方法能提升人们对组织方向和优先项目的理解，促进思想交流，在整个机构中提高操作方法的有效性。

评测、规划、改进和领导力的整合方法

卓越的高等教育指导：设计这种集成了评测、规划、改进和领导力的方法是为了帮助高等教育解决其所面临的挑战，尤其是那些我们可以直接施加影响的问题。

这本出版物是为大学或学院里的学术、学生事务、行政和服务单位，提供一个回顾、计划和改进过程的综合指南。通过参考认证标准和术语以调整波多里奇框架，使其适应高等教育的方式，来实现这种目标。

认证

从历史上看，认证在高等教育审查中具有最明显的影响效果。通过一个过程，包括自学和同行评审、专业的和特别的关注以及地区认证机构，为美国高等教育界提供一个正规化、结构化的质量保证与改进机制（Eaton，2006）。美国高等教育认证委员会已经拥有80多个认证成员组织。它们监督审查和认证了大约7000个机构和17000个项目（CHEA，

2007；Eaton，2006）。

来自于认证界内部和外部的近期评论表明，尽管认证可能受益于透明度的增加和国家的标准化，但毫无疑问的是，该地区认证机构以及其他专业的机构，在通过标准和指导方针提高对评估、计划和持续改进的关注方面，已经形成了一种长期驱动力（CHEA，2007；Eaton，2006；Field，2009；Middle States Commission，2002，2006；New England Association，2004；North Central Association，2007；Northwest Commission，2004；Southern Association，2006；Spangehl，2000，2004；Western Association，2002）。

西部学校和学院协会在这方面提供的描述是相当典型的：认证的主要目标之一就是在机构内部推动这样一种文化证据的形成，即性能指标能够有规律地发展，数据得以采集以便了解机构决策、计算和改进方法。

传统上，机构认证的过程集中在高等院校学术使命和项目上。在当前环境下，国家的、州的和机构的，关于财政约束、责任、关注学习成果评估、生产力测量、任务清晰及独特性和制度结构的压力，都集中于这个认证过程。当前的认证标准和实践对明确使命、愿望、计划和目标，并评估与目标相关的进展和结果给予了越来越多的关注。现在计划要求认证机构“定期收集和分析关键数据和性能指标，包括但不限于财务信息和学生成功的信息”（Field，2009）。

认证强调程序化的、机构的自我反省和同行评审，高等教育界一直是这个过程及其结果的主要受众。随着对问责制、价值、访问和透明度问题的日益担忧，认证承担了一种越来越重要的针对包括联邦、州政府以及公众在内的外部赞助者的“看门人”的功能。正如CHEA主席Judith Eaton所指出的，“认证（现在）有许多主人和女主人”（2005）。一个区域性协会也表明，认证过程“促进了评价和改进，同时也提供了一种继续为赞助人和公众负责的方法”（Southern Association，2006，4）。

当认证已经演变为一系列更广泛的利益相关者和功能服务时，通过对机构和过程越来越多的系统性的回顾，我们可以了解到一种伴随性的变化。这个广阔的视角承认：对于程序或组织的整体成功，所有成分单元和功能是有限的——在学术领域，同样地包括了学生事务、服务和行政。例如，机构或项目的卓越是因为杰出教职员工的组合，这个观点的存在已经有一段时间了。然而今天，当机构或项目的卓越是取决于许多因素而不仅是某个教师的优秀的这种观点越来越明显时，我们需要通过更多的和更微妙的角度来看待这个问题。

波多里奇框架

波多里奇模型是各种严格的、系统性的评估、规划和改进组织的方法中最成功、最有影响力的(Baldrige，2009)。美国国会于1987年建立了马尔科姆波多里奇国家质量奖项。奖项以波多里奇的名字命名，他从1981年到1987年去世一直担任商务部长。奖项的目的是提供一个系统的方法来评估、改进组织，促进美国企业的运作效率以促进国民经济。更具体地说，该计划的目标如下：

- 识别组织卓越的基本要素
- 识别组织所表现出的这些特征
- 通过典范组织促进信息共享
- 鼓励采用有效的组织原则和实践

该项目是由国家标准与技术研究所执行，其对于国家和国际识别是极其重要的，并应用了组织卓越的核心原则。大约50个国家、地方和区域奖项是基于波多里奇模型创建的(Calhoun，2002；Vokurka，2001)。超过25个国家使用波多里奇标准作为本国以波多里奇概念为基本的奖项的基础(Przasnyski and Tai，2002)。总的来说，在其他国家，大约还有60个国家级奖项(Vokurka，2001)。

认证和波多里奇模型：复杂方法

波多里奇认证协会的原理和标准已经在各个领域极具影响力，它们之间有一些自然的和不断增长的兼容性(Baldrige，2007a，2007b；Baenninger and Morse，2004；Driscoll and Cordero de Noriega，2006；Middle States Commission，2006；Nelser，2004；New England Association，2004；North Central Association，2003，2007；Northwest Commission，2004；Ruben，2004，2005a，2005d，2007d；Southern Association，2003，2006；

Spangehl，2000，2004；Westem Association，2002）。

一般来说，为了保证有效性，任何高等教育评估模型必须具备四个特点。它提供了：(1)一个阐述了手头目标的相关标准的框架；(2) 这些标准的详细描述和操作化；(3)使这些标准应用于不同个体和机构背景的方法；(4)对于评估和改进机构内部和跨机构的有用结果。

区域的、专业的和其他认证机构的方法例证了这些特点。虽然机构之间略微不同，但是模型提供了一组全面的、足够灵活的评估质量的标准，以便在审查拥有不同任务的不同机构类型时是有用的。同时在这些机构之间进行广泛比较时，也是足够通用的。这些认证框架提供了对标准的清晰描述，也拥有各种各样的指导原则和训练方法，旨在确保描述是可靠的并能以一致的方式应用。另外，评估的终端产品被设计成用于评价和改进。

波多里奇方法提供了另外一个这样的框架、标准或模式。虽然它可能是以奖项或识别项目而闻名，但它更是一种思维、哲学和组织、实施和评估卓越的方法论。

波多里奇方法和以波多里奇方法为基础的项目框架，如卓越的高等教育，识别了被认为是对组织效能和质量至关重要的标准。通常情况下，这些模型包括七个含有子类别的宽泛类别，每一种都包括精确描述的问题和主题指导的应用标准。和认证机构标准一样，波多里奇标准足够通用，允许跨机构和跨任务的有用分析。它们也足够精确，以提供一个有效性运营、战略指导和特定机构内部的提升方法。因为它们的灵活性和通用的字符，以波多里奇方法为基础的模型不仅可以审查整个机构，而且还可以评估和分析任何这样的机构中的独立部门。

波多里奇框架可以作为一种方法，解决高等教育所面临的挑战。对这种看法的积极支持者，美国前教育部长 Lamar Alexander(2007)指出：

波多里奇项目……鼓励美国企业对质量的关注。它取得了巨大的成功，致使数以百计的企业改变了它们的规程。我相信它会对高等教育的问责制产生同样的影响。在我看来，我们需要为问责制和研发、发展更好的评估技术设立一个波多里奇类型的奖。这比任何联邦政府规章在鼓励高等教育问责制上所起的作用更好、更全面。

基于波多里奇方法的评估，第一步是仔细分析机构或部门的使命，其次是与质量、校准问题相关的检查。这些问题包括了组织计划、目标、领导实践、项目和服务，利益相关者的期望和需要，工作场所和劳动力配置文件，评估系统以及结果的证据。基于波多里奇方法的模型通常包含一个严格的方法和广泛的年度培训会议，以促进标准在不同个人、机构和背景中的一致应用。因此波多里奇评估通常还包括由审查官对每个标准进行的定量以及定性评估的评级。我们的目标是提供一份关于成就水平、成熟度或合规性的精确文档，同时也提供一个与其他组织比较的基线。基于波多里奇方法模型的一个额外的属性是，它们提供了一组标准和范畴，这适用于不同规模和复杂程度的医疗、政府、商业机构和教育领域。因此，这也有助于鼓励跨部门沟通和分享相关的有效实践。

认证过程“促进了评价和改进，同时提供了一种继续为赞助人和公众负责的后续管理方法”（Southern Association，2004，3）。波多里奇方法也是如此，它强调了广泛定义卓越的重要性，评估领导和规划，建立清晰、共享和可衡量的目标，创建有效的项目和部门，系统性地评估结果，参与同事和领导的比较。① 两个框架的核心有很多共同之处，都反映出对复杂目标设定、评估和改进的迭代过程，如图 1 所示。

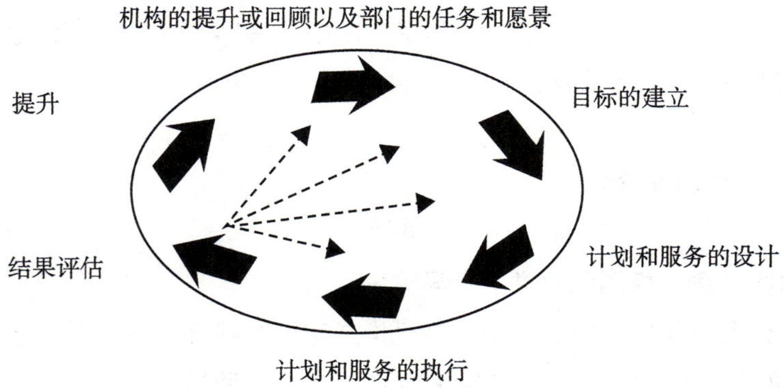

图 1　以波多里奇为基础的模型和认证框架的核心原则

除了从波多里奇模型和认证方法中整合概念，卓越高等教育框架还从管理审计、纪律审查和战略规划中提取元素，以建立一个适用于所有功能

① 从教育目标和区域、专业认证协会确定的结果的比较分析，可以了解美国的学院和大学协会（2004，20-21）。

和水平机构的通用模型(如图2)。

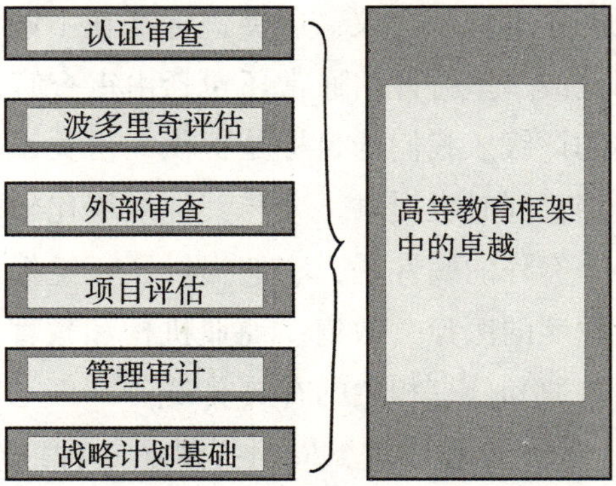

图2　高等教育评估和改进方法

这个框架适用于行政管理、服务机构、学生事务或学术单位以及项目中心或研究院。此外，指导方针还可以用于整个学院、大学或项目团队，例如管理委员会、顾问委员会或参议院。一个能在不同方面适应整个机构的通用模型非常有助于促进共同愿景和统一的卓越标准。此外，EHE还可以促进沟通和实用方法、结果的共享，这反过来，又增加了部门之间和项目之间进行合作的可能性。

卓越高等教育框架

1. 对自我评测、规划和改进的指导

EHE项目最常见的应用是作为机构或部门自我评估的指导。当应用于这个目的时，研讨会、讲习班通常被用来介绍这种模式。这本书和它的共同出版物——《机构工作簿和得分》、《促进者指南》，为那些打算以EHE框架为培训班或研讨会基础的人，提供了信息、说明材料和幻灯片。此外，还包括了基于波多里奇模型的得分说明，这些说明是为那些希望在审查中用定量方法的人设置的。

2. 外部审查、认证或波多里奇提交的基础

你可以使用本指南作为一个标准的来源，应用于学术、学生生活、行

政或以学院、大学作为整体的服务单位的外部或同行评审。EHE 框架也可以用做一个认证自学过程的基础。EHE 在准备申请波多里奇奖或一个国家奖项，又或被一种参照波多里奇方法的国家质量体系考察时，另一个替代方法是使用 EHE 指南和补充出版物。

3. 领导的指导

卓越的高等教育模式为领导人、规划者和一个学院或大学里的各级评估人员提供了理论和实践的指导（Ruben，2006a）。虽然 EHE 并不打算指导你如何领导、战略规划或评估（因为其他资源已经提供了这样的指导，详情参见本书结束时的“参考文献，建议阅读”），它却提供了一种系统性和综合性的组织卓越的愿景和一份有关关键领域的“清单”。这种“清单”被用来确定跟这一愿景相关的机构、部门或项目。通过这样做，它建立了对有效领导、规划、评估和改进来说必不可少的基础。EHE 指南在这方面是很有帮助的，因为这个工作簿包括了清单格式中所提供的各种类别的总览。

无论 EHE 框架搭建的是哪种特定应用程序，它都有很多好处（Ruben et all.，2004；Ruben et al.，2007）：

- 通过使用被接受的组织评估框架，提供了一种比较和基线测量的标准
- 加强对一个机构或部门的活动、项目或服务带来的需要、期望、观点、经验和满意/不满意水平的关注
- 使用高等教育语言来进行组织分析和改进，并为此提供一个词汇和共享框架
- 强调和阐明组织优势
- 识别和重视潜在的改进领域
- 促进单位或机构内部及其之间的沟通和建设性比较
- 拓宽教职员工对组织审查和战略规划参与
- 提供了一个积极的和建设性的方案，以应对评估、问责制和测量结果需求的增加
- 提供了一个框架来指导领导者
- 为持续改进的认证，提供了一个有用的基础

框架和审查过程

核心概念和价值

卓越的高等教育框架和过程，是构建和维护一个优秀的机构、部门或项目必不可少的要素。该框架是围绕以下核心概念和价值建立的：

- 广泛共享、理解和重视明确的目的（使命）和未来的愿景
- 各层级有效的领导力和管理过程，包括反馈和审查机制
- 战略规划、计划、确定优先事项和目标，将目标和愿景转变成具体项目、服务和活动，并确保业务和资源在此方向上得以被切实有效地利用
- 高质量的项目和服务，与既定的使命和愿景相一致，精心设计，定期评估，并不断完善
- 与赞助者建立紧密并互惠互利的关系，特别是直接从该机构或部门提供的项目和服务中获利的个人和团体

- 将合格的专职教师和工作人员，满意的工作环境，作为优先事项进行审查和改善
- 运用系统审查过程和结果评估，确定机构、部门或项目对使命、愿景和目标的完成度，记录目前的优势，计划，识别优先改善项
- 与同行和领导者进行比较，鼓励创新和提高，并为需要提高的优势和领域提供环境
- 搜集并分享有关成功、挑战以及机构、部门或项目所需的改进需求等信息，将这些信息作为形成项目和服务、审查和改善的投入，从而指导优先项设定、每日的决策制定，以及长期的资源分配

卓越的高等教育框架假设，不管机构、划分、部门或者项目具有何种特性，上述核心概念在指导高等教育领导方面同样有效。

如图 3 所示，卓越的高等教育框架由以下七大类问题组成：①

1. 领导力
2. 目的和计划
3. 受益者和赞助者
4. 项目和服务
5. 教工、职工和工作环境
6. 评估和信息使用
7. 成果和成就

该模型为审查特定机构、部门或项目在每一领域的运行，提供了结构化指导。第 1 章到第 5 章是任何有效机构的基础构建模块。第 6 章着重于方法与过程，用于评估这 5 个方面的质量和效果。第 7 章考虑了评估过程中记录的结果与成就。来源于评估与结果（第 6 章和第 7 章）的知识很重要，但正如图 3 所示，这些知识也成为提升领导力、规划、项目和服务，以及职工和工作场所的必备输入。这种反馈机制有助于持续不断的改善。在互动的过程中，这 7 章构成了一个系统，这个系统以大学或机构为整体，体现了任何学术、学生生活、服务或行政单元的精髓。

① 卓越高等教育与波多里奇模型的不同在于所使用的术语、强调的概念以及章节序列最大的不同在于，卓越高等教育强调第 6 章中的评估和信息共享问题，而波多里奇模型考虑的则是第 4 章中的概念。更多内容可查看 http：// baldrige. nist. gov/ Criteria. htm。

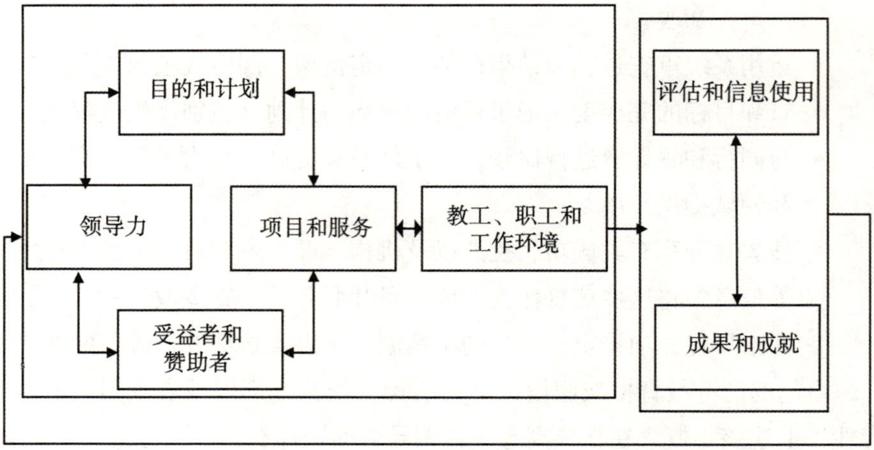

图 3　卓越高等教育框架

审查过程

卓越的高等教育过程包括对七大主要领域的章节审查。从本质上讲，审查冻结了机构的持续动力，注重每个组件单独提供的优势以及单位或机构在此领域可提高的潜能。

第 1 章到第 6 章的审查过程考虑了模式和执行情况。模式是指使用的方法和战略。执行情况是指该模式在机构内部应用并规定的方式和程度。因此，这些章节的关键问题，与机构或部门如何处理和完成以下领域中的活动息息相关，这些领域包括领导力领域、规划领域、受益者和赞助者领域、项目和服务领域、教职工和工作环境领域以及评估领域。第 7 章关注成果。成果是指结果、成就和成绩的书面证明，因此，第 7 章中的问题，与前述各章的成果证据紧密相关。

卓越高等教育模型的内容

章节和相关的概念

概述：构建环境

在卓越高等教育框架中，概述部分被安排在七章前面。概述部分包括为构建机构、部门或者项目的一般说明而设计的问题——它的结构，主要支持者，其他元素——正如在大纲里提及的图 1。

第 1 章：领导力

第 1 章涉及用于领导机构、部门或者项目的领导方式和管理系统。它着眼于领导和领导能力实践怎样鼓励卓越、创新、效率、参与度，外展活动和对个人或者团体需要的关注，以及受益于项目和服务的机构。它也考虑到领导能力实践是怎样得到审查和改进的。

第 2 章：目标和计划

目标和计划这一章着眼于机构的方向、愿景和规划。首先，它考虑机构、部门或者项目怎样回顾、改善和再次确认它的任务、愿景和大概的机构目标；然后它会考虑这样的组织方向是怎样转化成重点和行动步骤，最后以一种协调的方式使之得以实施。这一章也会考虑到教职工是怎样参与到这些活动中的。

第 3 章：受益者和赞助者

受益者和赞助者这一章关注受益于、影响或者被影响于机构、部门、正在被评论的项目所提供的项目或服务的这个群体。这一章提到了机构是怎样了解群体的需求、感知首要任务的，以及信息是怎样被运用到加强与支持者的单位工作关系中的。

第 4 章：项目和服务

第 4 章着眼于机构、部门或者项目提供的关键型任务服务和项目，质量和效力是怎样得到保障的，改进和创新是怎样得到鼓励的。重要的操作服务和后勤服务也有被考虑到。

第 5 章：教工、职工和工作环境

第 5 章着眼于机构、部门或者正在被评估的项目是怎样招聘和留住教职工，怎样鼓励卓越和参与，怎样创造和保持积极的工作文化和工作环境，怎样促进和帮助个人和职业发展。

第 6 章：评估和信息使用

第 6 章关注于机构、部门或项目怎样评论和监控与它们的目的和计划、领导力、与受益者和支持者的关系、项目和服务质量、教员/职员关系、工作环境和评估流程有关的进步。这个类目也考虑到机构是怎样维持它的内部评估和同行评议系统，以及它怎样将它的评估系统运用于创新和持续的改进工作中。

第 7 章：成果和成就

报告成果是第 7 章的主题。这一章要求证明或者论证机构、部门或者项目的质量和效力，一段时间之内的趋势，与这个领域的同行和领导相比的单位的身份的信息和证据。具体章节内容见表 1。

表 1　　**章节和相关概念**

机构、部门和项目概述	
0.1　任务、结构和人员	4.1　关键任务型项目、服务和流程
0.2　项目、服务与合作方	4.2　操作和支持层面的服务和流程
0.3　同行、竞争者和领导者	
0.4　机遇和挑战	5.0　教工、职工和工作环境
	5.1　教工和职工
1.0　领导力	5.2　工作环境
1.1　组织领导力	
1.2　公共和专业领导力	6.0　评估和信息使用
1.3　道德和社会责任	6.1　评估途径和方法
	6.2　比较分析
2.0　目标和计划	6.3　信息共享和利用
2.1　计划发展	
2.2　计划实施	7.0　成果和成就
	7.1　领导力
3.0　受益者和赞助者	7.2　目标和计划
3.1　需求和期望	7.3　受益者和赞助者
3.2　促进关系	7.4　项目和服务
	7.5　员工满意度和工作环境
4.0　项目和服务	7.6　评估和信息使用

机构、部门和项目概述

有意义的评估开始于对机构、部门或项目及其运行的大背景的高层次描述或概述。概述包括对任务、结构、人员、主要项目和服务的描述，对关键合作方、竞争者、领导者的描述，来自于之前内部或外部评价的主要建议，以及机构面临的主要挑战和机遇。

将以上信息汇总并形成简洁的文档对于审查的准备工作十分有用。对机构本身、机构外可能参与评价的人员以及对评价结果感兴趣的人士来说，概述都是有帮助的背景信息。

0.1 任务、结构和人员

简单描述评价焦点的机构、部门或项目，包含以下内容：

1. 组织的名字是什么？① 其主要目的和任务是什么？

① “组织和单位”都泛指一个整体的机构，一个行政、服务、学生生活或学术部门、项目、中心或机构，或一个行政团体、集会或评议会。

2. 组织的结构如何？

3. 领导和管理架构的关键要素有哪些？

4. 哪些是高层领导，他们的主要责任领域是什么？

5. 组织的高层领导向谁汇报工作？

6. 该机构、部门或项目有没有建议委员会或管理委员会，如果有的话，它们的作用和职责是什么？

7. 在机构、部门或项目中有多少全职或兼职员工工作？简单描述每个员工小组的责任。哪些小组参加了工会？

8. 组织要对哪些主要设备和技术负责？

9. 机构、部门或项目运行的法律法规、特许经营和授权环境是怎样的？简单描述组织中的强制性执行标准、规范和评价要求。

10. 机构、部门或项目在过去五年中是否参与了自我评估、外部评估或其他评价？当时的主要结论或建议是什么？在评估之后采取了哪些措施？

0.2 项目、服务与合作方①

1. 机构、部门或项目提供的主要内容或服务是什么？

2. 机构、部门或项目向哪些群体提供项目或服务？这些群体大约有多少人？他们在总体上的期待和要求是什么？

3. 该组织与哪些其他机构形成合作或联盟关系？简单描述这些机构的本质和目的。列表描述与组织外部群体或机构的非正式关系。列出经常与机构、部门或项目互动的其他组织和单位。

0.3 同行、竞争者和领导者

1. 在该领域或学科内，哪些机构、部门或项目被认为是同行、竞争者或领导者？

① “合作方”是指任何对机构、部门或项目的运作十分重要的利益相关组织或机构——可能因为组织服务于、得益于、影响或者被其他组织或实体影响。这个概念延伸至监管委员会、其他提供资源的部门、机构的合作单位及机构或其分支的管理部门。

2. 从整体质量或地位来看，该机构、部门或项目与其同行、竞争者或领导者相比评价如何？

3. 与其同行、竞争者或领导者相比，影响该机构、部门或项目的成功及地位的主要因素和标准是什么？

0.4 机遇和挑战

1. 组织当前面临的最关键的障碍和挑战是什么？
2. 现存的哪些特别的能力和机遇可以提升组织的质量和地位？

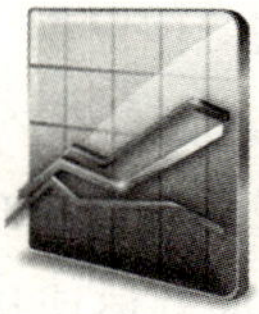

1

领导力

很少有概念可以像领导力这样在组织学中被广泛讨论。虽然每个作者对这个话题的观点差别很大，但是有个广泛的共识就是：领导力是任何组织卓越的基石。在高等教育的背景下，用美国中部州委员会的话说，领导和管理的主要功能就是帮助一个组织“以最有效的方式，充分实现其使命和目标……管理机构通过权力和责任的分配、委托，以及互相支持的共享氛围提供了这些方式”（Middle States Commission，2006，12）。

高层领导、领导团队的成员以及担任正式领导和管理角色的人，有责任去指导机构、部门或项目追求一个清晰、共享的目的和方向；去促进目标和计划的发展和实施；去建立一种合作和共同领导的文化；去激励高标准的质量和生产力；鼓励创新以及通过他们自己的行为促进这些组织实现期望的价值观和实践，并建立模型。

此外，一个模范的领导有义务通过校园、公众和专业社区，分享超越组织边界的专业知识和经验。同样重要的是他能够坚守诚信、道德行为和社会责任的高标准，以确保“机构能够代表其赞助者和公众，以及在其教学、奖学金和服务中，在对学生、教师和工作人员的培训及与监管和认证机构的关系中，遵循最高的道德标准”（Northwest Commission，2004，1，Standard 9）。

尽管这样的责任对高层领导来说是至关重要的，但是对于领导来说这样的责任在各个领域、各个层次都是同样重要的。

高等教育中所面临的挑战

高等教育领导者所面临的挑战可以说是最令人望而生畏的。在高校担任领导角色的个人，必须考虑国家面临的挑战，地方、机构的目标和优先级，不同的、有时甚至不可调和的外部利益相关者的期望，以及鲜明、独立的同事的要求。他们通常只能提供有限的资源和少量的激励，去促进他们的目标，提升其积极性以及促进重大变化或更新。

另一个重大的挑战在于，那些从教师和专业岗位走上领导和管理岗位的人，他们往往没有接受过这方面的正式教育。当这涉及学术领导时，情况更甚（Gmelch，2000；Hecht，2006；Ruben，2004，2006a；Wolverton and Gmelch，2002）。研究生教育鼓励独立思考、解决问题，使答案有价值，以及能够有效地表达和维护自己的观点。这是指导自己职业生涯的不可或缺的技能。然而，一个组织的领导者需要一些其他的、与众不同的能力。这些能力包括：在优先事项上达成共识的能力；在思想和行动上协商的能力；能够推进或升华自己的观点。一个成功的领导者必须学会认知他人及部门或机构的成就，而不是仅仅关注他或她自己的活动。尤其对于那些学习与高等教育相关的政治和经济专业的学生，这点是至关重要的。

如何高效完成这些挑战任务，如何识别、提升和适当奖励拥有这些能力的个体，是后续讨论的关键，也是许多探讨高校教育领导力的书的主题（e. g. ，Gempesaw，2004；Morley，2004；Ruben，2006b；Warzynski and Chabot，2004；Willits and Pollack，2004）。

领导力的维度

从论据来看，很显然地，有能力的领导是组织的卓越和有效性的不可或缺的部分。同样清楚的是，成功的领导没有简单的公式。也就是说，专业文献经常强调一些关键元素(Ruben，2006b)，如下：

- 有一个明确的、包含了组织卓越和实现它所需能力的观点
- 共享组织目标、需求和愿景，持续关注战略目标和方向直到实现它们
- 了解高等教育中所普遍面临的机遇、挑战以及更具体的机构、部门或项目所面临的机遇与挑战，并指导同事
- 认真聆听外部赞助者的声音，并鼓励同事们也这样做
- 培养一种文化，在这种文化中评测、改进以及基于事实的决策、资源分配、规划被当做惯例
- 开发一个领导和管理的集成系统来实现整个组织的有效协调
- 通过建立明确的目标和评估结果促进问责制和透明度
- 鼓励对领导表现情况和机构有效性进行反馈
- 从各个层面激励同事发挥最大效能
- 促进团队合作，使之能协作解决问题和培养集体感
- 鼓励职业发展
- 鼓励创新是组织卓越的积极和必要条件
- 用项目、部门和/或机构有效地表示外部团体和组织机构
- 从个人层面和机构层面，保持诚信、道德和社会责任的高标准

领导者实践的最基本原则之一就是，当他们通过言行展示他们对组织价值和原则的承诺，身体力行地投入到工作中去的时候，他们是最高效的。通过他们的行为，领导者有机会重申加强对组织服务对象观点倾听和理解的重要性，在各个方面与同事合作和重视同事，促进一个开放的和有建设性的观点交流，并鼓励整个组织的协作领导和问责。个人参与、沟通和建立共识对所有组织是重要的。由于有必须解决的挑战，共同治理的传统以及大多数领导人可以用来促进改变的激励和奖励是极其有限的，在高等教育范围内它们是特别重要的。

1.0 领导力：关键审查问题

第1章的审查关注了领导者、领导实践和领导系统如何指导组织阐明和保持其目的和未来愿望的共识；促进对关键赞助者需求和期望的关注①；并建立一个在规划和决策上相互协作、共同掌权的文化。同时，还研究了领导和管理方法如何促进整个组织的参与和协商②，以及领导者、领导实践和领导系统如何被评估。最后，这一章还强调了领导参与实践的方式，促进跨越边界③和与校园、公众、专业团体分享经验和专业知识的方式，以及如何建立和维护高水平的道德和社会责任。

1.1 组织领导力

重点：

A. 领导和管理的结构与实践

(1)组织的领导和管理结构是什么？

- 在机构、项目或程序内部，正式报告与他们是什么样的关系？
- 他们在领导职位中的责任领域是什么？

---

① 赞助者是指任何利益团体或组织、利益相关者、消费者、客户、公众、用户或“顾客”。组织向这些团体组织开展活动或提供项目，同时也影响或被这些组织、机构、项目影响。根据组织的任务，这样的项目或服务可能涉及教学、研究或奖学金，公共服务、外展、行政支持或其他功能。赞助团体和组织的列表可能包括学生、教师、员工、学术和专业社区、潜在的雇主、校友、学术协会、父母、商业和工业、州和联邦资助机构、私人基金会和捐助者、未来的学生和家长、研究生和专业学校、顾问委员会、在其他机构的学术和行政意见领导者、当地和国家政府、社区的公民或国家和其他组织。服务于机构内其他部门的行政部门，如人力资源部、设施部、计算服务部或赞助研究部，管理委员会和其他行政和服务机构。相关的内部赞助者是组织提供服务的和影响或被组织影响的行政和学术单位。赞助者也指任何部门内部或外部合作的机构、部门或项目。进一步的关于受益者与赞助者的讨论请看第3章。

② 组织和单位被用做一个统一的术语，是指整个机构，行政、学生生活、服务或学术部门、计划、中心或研究所。

③ 跨越边界指的是个体为了促进组织有效性去合作和共享信息，而超越了正式的组织边界。

- 在领导职位中如何选择这些，又是什么标准指导了这个选择过程？
- 领导使谁感到满意，持续了多久？
- 领导和管理角色、职责和报告关系有被记录吗？
- 与领导和管理角色、责任及报告关系的相关描述如何传播？①

(2)领导实践如何明确和如何推进组织的任务、愿望和目标？

- 领导人是如何身体力行地推动项目、部门和/或机构的方向、愿望和价值的？
- 领导人用什么样的方法形成一种共享理念？这种理念树立了组织目的、方向、愿望以及同事和外部赞助者之间的目标。
- 高层领导如何参与到组织成员的定期评估以及审查机构所表明的任务、愿望和目标？

(3)领导人如何亲自参与：

- 明确目标和愿望
- 战略规划
- 资源分配
- 内部沟通
- 组织教学/学习②
- 跨越边界
- 对外关系和公众沟通
- 鼓励评估以及用结果信息进行计划和改进

(4)高层领导在培养组织文化和氛围时扮演着什么样的角色：

- 如何促进和认知个人和集体成就的卓越？
- 如何使用数据和信息指导决策和解决问题？
- 如何鼓励主动性和创新？
- 如何促进职业发展？
- 如何培养组织的灵活性和敏捷性？

---

① 这可能包括各种低质和电子文档，如组织的图表、章程、政策或程序的描述、操作手册或类似的材料。

② “组织教学/学习”指的是努力促进战略知识和信息在组织内部的共享。这样做是为了从其他组织的实践中学习、增强市场意识，促进创新、专业发展以及组织和领导的有效性和改进。

- 如何鼓励教职员工之间的团队合作?
- 如何重视外展、服务和对服务对象的需求和期望的响应?
- 如何促进综合评测、规划和改进?

B. 有效性回顾

(1)高层领导如何进行有效性回顾?

- 在机构、部门或项目内部高级领导人的当前目标是什么,以及他们如何树立这些目标?
- 什么样的正式程序用以定期和系统地审查与所述领导目标相关的领导实践与进程?
- 什么机制确保领导审查被用于职业和组织改进?

(2)整个机构如何领导和管理有效性审查部门或项目?

- 来自于整个组织中同事的非正式反馈如何被请求、分析和使用?
- 在各个层面审查领导和管理的有效性时,正式、客观、系统的程序是如何被应用的,以及这种审查多久进行一次?
- 如何从领导和管理审查中获得可以用于改善领导系统和实践的信息?
- 领导审查程序的有效性如何评估?当前程序适用吗?

1.2 公共和专业领导力

重点:

(1)高层领导及各级领导用什么样的方式和学院/大学分享自己的专业知识和经验?

- 组织如何鼓励和认可校园团体和组织的跨界交流?
- 诸如学院或大学委员会、项目、任务小组和其他的活动,应该以何种类型和在何种程度上参与?
- 如何确定所要介入的适当领域,又应该如何确保这些活动朝组织学习和其他组织的优先级项目和目标推进?

(2)高层领导人和各级领导如何分享他们的领导力、学术和/或专业技术知识以及与外部团体和组织交流的经验?

- 与公众、专业、学术和社会团体或组织接触的类型是什么,其程度如何？

- 如何确定外展活动的适当领域，又应该如何确保这些活动朝组织学习和其他组织的优先级项目和目标推进？
- 如何在组织内部鼓励与外部团体的互动，以及如何认定它们处于组织的最高水平？

1.3　道德和社会责任

重点：

A. 道德和诚信

(1)该机构、部门或项目领导的诚信和道德行为原则是否被清楚地定义并记录？

- 高层领导如何将个人承诺与道德和诚信的高标准联系起来？
- 高层领导如何承诺这些原则和标准？

(2)如何确定潜在道德的关注点？① 这些关注点是什么，以及如何确保落实每一个道德和诚信的高标准？

- 如何清晰、合理地定义与特定赞助者相关的道德标准和普通大众的道德标准？这种特定赞助者包括同事、学生、校园成员、供应商、合作伙伴、教授和学术组织。
- 如何确保适当的职业操守和诚信标准能被广泛传播和理解？
- 什么机制适合用来进行审查和顺应性监控？
- 采取什么程序以保证与诚信和道德标准相关的政策和程序能被定期检查、澄清和更新？

B. 社会责任

(1)什么是与组织工作相关的法律、法规、环保标准、要求和风险？

(2)领导者如何确保组织能识别当前和潜在的法律、法规或当其作用

---

① 这样的例子可能包括了与所有权有关的问题，这些问题涉及信息、工作产品、保密情况，员工的适当培训与家庭成员有关的雇佣惯例、潜在的利益冲突、学术诚信、金融实践、供应商关系、教员—学生互动或萨班斯—奥克斯利法案提出的其他类型的问题。

于社区和社会时的环境影响？①

- 潜在影响的领域是什么？
- 这领域的潜在影响是如何以积极的和系统化的方式解决的？

(3)领导者如何确保机构、部门或项目保持一贯地符合法律、法规和环境标准的高水准？

① 这样的例子可能包括污染风险、废物管理问题、校园和社区安全、停车问题、人身或财产安全、药物滥用、司机安全、健康风险或实验室实验。

2

目标和计划

在任何组织中，共同的使命感和计划是以追求质量和有效性为基础的。计划过程的最基本目的是开发、评审、完善和重申使命、愿景及广泛的组织目标，同时将这些方向转化为重点和行动步骤，并将该计划完成。

对于学院和大学，明确的目标和方向说明是有效计划的先决条件。一个机构需要"清楚地意识到它的基本价值观、特点、独特的元素、它在高等教育界的位置及其与社会的关系"（Western Association，2001.17）。通常这样的基金会有这样的宗旨：

> 机构的使命定义了其特性，处理了社会需求和识别机构为之提供服务的学生，反映了机构的传统和对未来的展望。机构的使命为机构确定其优先级、规划未来、评估其努力提供了基础，也提供了机构评测的基础。（New England Association，2004.3）

机构、部门或项目的宗旨可以确定其面向未来的愿望，正如上面提出的，其愿景通常在一个附加语句中阐述清楚。无论采取哪种方法陈述都应该表明什么是机构、部门或项目的独特之处，提供项目和服务的对象又是谁。一些组织还开发了价值观或操作原则的声明，这被视为一个重要的基础性文件。

如图 4 所示，这个计划过程通常包括了对当前环境中优势、劣势、机会和威胁的审视过程。以这些公式为背景，计划过程可以清晰地朝着重大目标发展和实行必要的策略和行动规划以达到他们的目标（Tromp and Ruben，2010）。① 这种规划整合了这些组件，确保资源与战略重点，并包括一个用于监测进展和评测结果的框架。

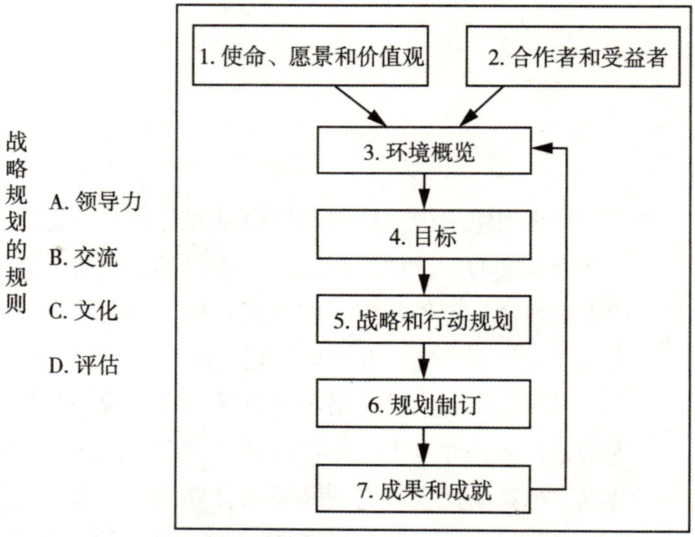

图 4　战略规划的步骤

规划与规划过程

“制定规划”的关键步骤和“使规划运作”的必要条件是有很大不同的。成功努力的最低要求是：“规划和改进流程……是可以清晰沟通的，也能

① 关于本书提供的战略规划模型和框架，更详细的讨论请看 Tromp and Ruben（2010）的观点。

提供成分参与，并使用评测结果。”（Middle States Commission，2006.6）如图4所示，领导、沟通、评测和文化因素对于实现这一结果是至关重要的（Tromp and Ruben，2010）。

2.0 目标和计划：关键问题回顾

这一章侧重于一个机构、部门或项目如何被建立、评论、改进和重申它的目的、方向、愿望、短期和长期目标、重点以及实现这些目标的策略和行动计划，还需要考虑教职工如何参与到计划过程；如何考虑学生和其他赞助者群体的需求和期望，如何在整个组织中沟通和协调目标和规划，如何评估目标和计划的进展，以及如何跟进监控。

2.1 计划发展

重点：

A. 定义目标和方向

(1)机构、部门或项目是否有一个明确、共享的目标(使命)，[①] 愿望(愿景)[②]和广泛的组织目标？是否在声明或文档中描述使命和愿景？

- 是否还有其他的对于机构、部门或项目重要的价值观声明、行为准则或操作原则？

这些声明是否有别于其他机构、部门或项目？

(2)是否发布了准确记录当前组织主要项目与服务的文档？

- 它们是否清楚地了解了它们与使命和愿景的关系？
- 目前只有这些文件吗？

B. 记录计划

(1)机构、部门或项目是否有一个已发布的确立了重点和时间表的战略计划？

- 如何以及向谁传播计划？

① “使命”是指单位的主要工作和单位存在的目的，包括了单位为项目或服务提供的组织规范。

② “愿景”是指单位对于自己未来的描述，其大致表达了未来的愿望。例如，“十年后你还会喜欢你的机构、部门或项目吗？”这个问题的答案就是愿景。

- 什么时候制订计划？
- 这个计划是否定义了广泛的组织目标？
- 这些目标是否与使命和愿景清晰地联系起来？

(2) 计划是如何将目标转化为具体的策略和行动计划的？

(3) 计划中有考虑到人力、财力、设备、技术这些资源吗？

(4) 计划是否确定了用于评估计划的进展和成果的标准或指标，以及用什么方法评测？

C. 计划过程

(1) 是否有一个正式的规划过程？

- 过程的主要步骤是什么？
- 流程中的步骤和程序有被记录吗？
- 如何交流计划过程中的信息，以及和谁交流？
- 计划周期的频率是多少？

(2) 如何考虑规划过程：

- 是否有使命、愿景、价值观或其他基本文档？
- 机构、部门或项目所服务的赞助者群体的需求和期望是什么？
- 组织或其环境中是否存在值得注意的责任、挑战、资产和机会？
- 高等教育中相关的趋势和问题，与经济、技术、监管和市场相关的国家、地区和相关注意事项有哪些？
- 有哪些可用资源和与战略重点相结合的资源，如财政、人力、物力设施和基础设施？
- 组织能力、文化和氛围是什么样的？

(3) 如何保证计划过程中的输入和参与？

- 教师、职员、学生、董事会成员和其他相关赞助者团体的代表是如何参与计划过程的？
- 用什么方法使这些团体了解和参与所有阶段的计划过程？

(4) 在整个组织中如何协调规划，以确保这个过程：

- 如何符合更大的组织和机构计划过程？
- 是否建立明确的目标、战略和行动步骤？
- 是否按照战略重点分配资源？
- 是否确定短期和长期的需求及哪种需求更适合？

- 是否明确负责跟进的个人或团体的职责？
- 是否确保灵活性以便处理意外事项？
- 是否确定适当的指标和方法以便监测和评估结果？
- 是否考虑当前或潜在的组织能力和需求，并考虑这对于他们的合作是否重要。①
- 是否考虑这个机构和领域中同行、竞争对手和领导者所使用的方法？②
- 是否为各级领导的决策、资源分配和新项目或服务的开发提供了一个有用的指南？
- 是否为不再是必要的或有效的项目、服务或其他活动提供了一种修改或终止的机制？

(5)这个计划过程本身多久进行一次评测？评测如何进行，在近期的评测中有什么方面的变化和改进？

2.2 计划实施

(1)教师、员工和其他赞助者如何适当地参与到计划实施中？

- 角色和职责是否被明确定义？
- 如何沟通期望？

(2) 如何确保计划实施过程中信息的广泛传播和获取，以及如何鼓励信息共享？

(3)组织如何确保持续地跟进实施计划，以确保：

- 是否确定了详细的目标、战略和行动步骤？

---

① 你的组织所合作的“团体和组织”，包括所有外部团体、部门、项目、机构、组织或提供人力、物力、财力的对组织工作必要的代理。例如，高中、社区、青年学院和其他学院或大学是学生及潜在教职工的提供者。这种团体和组织还包括那些已经和你形成联盟、合作伙伴关系，合作项目或共享服务的其他单位。

② “建立比较”——也被称为标杆管理，是指识别、选择以及与其他项目、部门和组织的表现、服务、流程、活动、成就及影响进行比较的过程。这些比较可以是高等教育组织与其他有类似过程或活动的企业之间的比较。例如，你的规划方法可以与同行或竞争对手的学院或大学，或其他领域的组织的流程作比较。与公认的高等教育领导和与商业、卫生保健或政府组织领域的领导作比较，这可以为自己的组织创新提供基础。

- 是否提供了相应的资源？
- 是否与更大的组织和机构目标保持一致？
- 是否解决了短期和长期的重点和需求？
- 责任实施是否已经完成？
- 是否已经考虑了当前或潜在的协作组织的功能和需求？
- 监测和评估结果的指标和方法是否正在被使用？
- 是否已经考虑了同行、竞争对手和领导者使用的实践和方法？
- 各级领导是否正在使用组织计划去指导决策、资源分配、新项目或服务的开发，以及那些不再是必要的或有效的活动的修改或终止。

(4)如何在组织中实现计划的协调、监督，以确保：

- 关键内部和外部赞助者是否了解并适当参与？
- 资源分配的方式能够支持战略重点吗？
- 是否考虑了意料之外的组织重点变化？

3

受益者和赞助者

只有很少的机构能直接或间接地接触到和大学一样多的赞助人。学生是高等教育机构工作中最主要的受益者，为了培养他们的兴趣，我们的学术、学生生活和服务不断发展以创造一个支撑性的教学环境。

根据某机构、部门或项目的任务，许多其他的赞助人也将从学院和大学的工作中受益。这其中涉及校友、家庭成员、雇主、专业和学术社区、其他高校、地方社区和公众。额外的赞助人包括国家、联邦政府、资助机构、捐助者、大众媒体和其他团体。

若将该机构视做一个整体，大多数部门和项目主要通过它为学生和其他外部赞助团体提供服务；然而，另一些项目和部门主要为内部团体服务，或者兼为内外两者服务。其中第一类是学术项目和部门，以教学、奖学金和服务公众的方式让赞助者直接受益。① 此外，许多服务和行政项目、部门——例如餐饮、招生、登记注册、生活、金融援助或学生

① “外部”这一术语所指的是非受雇于该机构的赞助者团体。

事务等部门，为学生和其他外部的赞助人提供重要的项目和服务。

第二类是诸如采购、预算、人力资源、工资、会计部门提供的项目或服务，它们将最直接受益于教职员团体和各种学院或大学的内部部门。

服务于内部和外部赞助者的部门包括图书馆、体育部、书店、计算服务部、机构发展部和学校关系部。

辨认受益者和赞助团体

单位可能会因它们所做工作与服务对象的不同而愈显差异化。然而，学院或大学的项目、部门、机构等单位都有着关键的受益者和赞助团体。根据特定的单位和特定的任务，这些团体包括以下一个或多个：

- 那些从组织的活动、服务或项目中受益的人
- 那些决定组织存亡的人
- 那些对使用或不使用项目、服务有选择权的人
- 那些为组织工作提供重要资源和专业知识的人
- 那些为程序或服务付费的人
- 那些能将经评估后的项目的性能、服务或活动转化为金融或道义上的支持的人

受益者和赞助者关系

最受尊敬的跨部门组织总是关注于谁是他们最主要的受益者和赞助者，以及理解这些个人、团体和组织的需求、预期和经验。他们通过此类信息以便重点发展他们的事业并维持其高质量、互利和令人满意的关系。受益者和赞助者的需求、预期和经验的信息，在评估、交流当今的服务和项目，确定改进之处及创建新举措的努力中也是非常重要的。

在领导组织时，系统将保证单位的成员对其服务对象的观点及经验有着清楚的了解。其目标是了解外部期望和优先级、监控关系的效力，识别并解决潜在问题，并时刻注意从组织外的视角看待这些机构、部门或项目（Baldrige，2009）。

以下是为监控、改善受益者和赞助者关系提供的有效步骤：

(1)识别这些组织是为谁提供项目、服务、材料或资源。识别中小团体，以便资源有限时可以确定哪些为优先级高的工作；

(2)采用访谈，核心小组，调查和其他方式来定期地、系统地搜集信息以获得或验证受益者/赞助者的不同需要、观点、期望、优先级、经验及满意和不满意的促成因素①；

(3)对未满足的需求和期望，不满的原因等信息进行分析；

(4)弥补重大差距的方式有几种：一是改进项目的方案和服务，二是沟通、协商达成新的期望，三是前两者的组合。

这种方法在高等教育中同样适用(AQIP，2005；Baldrige，2007b；Ruben，1995b，2004)。首先，在项目、服务的发展实践中，对受益者和赞助者观念的理解与机构、部门的目标能否实现是同样重要的。此外，从实际层面上来说，很明显的一点是，许多团体对一所大学、学院或部门的质量的外部判断将转化成对其财政和声誉的支持。这对教职员工的工作和该机构的可行性也至关重要(Ruben，2004)。

受益者和赞助团体的信息也能帮助组织认清需要改进但很容易被“内部人士”忽略的实践。例如，当学生和其他人被采访时，他们经常指出项目、部门的“前线”员工决定了他们的实践是正面的还是负面的。对参观者和申请者来说，这些员工实际上是“组织的面子”，是他们最初的和最后的，有时甚至是唯一的通过电话、邮件联系的媒介。因此，前线员工对其部门品牌形象的塑造是至关重要的。有了这样的理解，该项目、部门或机构能通过调查或其他方式来确定其在塑造品牌形象和获取有效信息时的要点。其获取的信息可以确认组织是在正常运转，或在更通常情况下，可以对需要改进的领域提出建议。

在采用该种方法后，该机构、部门或项目不一定要知晓每一个受益者和赞助者的需求、期望和焦虑。相反，他们只需要在制订计划和程序优先次序时，简单地关注以上信息。在机构履行其使命，实现其愿望的过程中，没有获取或利用相关信息是一个较大的失误，这与高等教育中长期占

① 这个评估也会关注那些本可以更充分、更有效地利用但不利用你提供的程序和服务的赞助者，这样你可以了解他们所作决定的原因。以下例子也是如此：声称不知道有一个建议系统存在的本科生；以前定期维护程序，但现在不维护的校友；或者是你积极引进却不选择你的项目的研究生。

统治地位的促进知识和提升理解的价值观是格格不入的。

正如高等教育委员会下属的学术质量改进小组所提倡的：

一个机构需要使用一些方式，定期、积极地搜集和了解当前或潜在的学生和其他利益相关者的不同观念，从中获得信任、信心和忠诚。该机构通过解释和权衡受众的需求、偏好和期望来把握进行中的交流、讨论或是任务、愿景的细化。教职工以及其他管理人员会将以上共享核心整合到他们的个人工作目标和决策中(AQIP，2005.2)。

3.0 受益者和赞助者

这章主要探讨机构、部门或项目如何了解项目和服务所指向的人、团体和组织的需求、期望、经验、满意/不满的水平。此外也探讨怎样分析和利用信息以使项目精细化、创新化，并改善与受益者和赞助团体的关系。①

3.1 需要和期望

重点：

(1)什么团体和组织能最大限度地直接从机构、部门或项目中获益？分别给它们提供了什么项目和服务？

(2)还有其他的什么赞助团体对你的成功是重要的——从某种意义上

① “受益者和赞助团体”在更广泛的意义上指的是个人、团体、组织——各种所谓的利益相关者、用户、观众、消费者、客户、公众、“顾客”——你的组织为其提供项目或服务，该顾客会直接或间接地从你的工作中受益——或那些对你组织工作的成功有重大影响的人。以上这些团体将促成组织任务的完成，并对学者、学生生活、管理和服务组织造成不同影响。对于学术组织来说，这些团体和组织包括学生、学科和专业社区、潜在的雇主、校友、学术协会、商业和工业、州和联邦资助机构、私人基金会和捐助者、满怀憧憬的学生和家长和专业学校、顾问委员会、其他机构的纪律、行政意见领导、当地和国家政府、社区或国家的公民、大众媒体和其他团体。行政部门在机构中提供项目和服务(如人力资源部门、设施、计算服务和赞助研究部门、教师/管理委员会与其他行政和服务单位)，有关校园团体和组织成为了接受组织服务(可能是教职员工、学生团体)的行政和学术部门组织，在某些情况下又成为了外部团体或组织，如顾问委员会、游客、学生家庭、大众媒体和公众。

他们影响或被你的机构、部门、项目的工作所影响？

(3)促成任务、期望、目标、计划完成的受益者和赞助者中存在相应的优先级吗？为了达成设定的目标，可以根据它们的紧急程度和影响为其划定优先级吗？

(4)这些机构、部门或项目怎样获取学生和/或其他每一个重要受益者和赞助团体的需求、期望、观念、经验和满意/不满意的促成因素？

(5)重要受益者和赞助团体最重要的需求、期望是什么？

(6)你的组织怎样从本可以但最终没有选择你的项目或服务的个人、团体或组织的观念、决策标准中吸取经验？① 这些信息将怎样被分析和利用？

(7)什么样的信息将被采集、分析和利用于该团体、服务所指向的组织和机构的需求？以下要素将怎样被采纳：

- 人口、技术、竞争、社会、环境、经济、监管因素和趋势是什么？
- 在当今、过去或潜在的受益者和赞助团体的眼中，你的组织为谁提供项目或服务？你的组织和谁合作？
- 与同行、竞争对手和领导机构、部门或机构的比较结果如何？

3.2 促进关系

重点：

(1)基本的项目和服务信息是怎样被潜在的、当前的受益者获取的？②

- 基于网络的或其他相关技术是怎样简化获取信息、提供服务的途径？

---

① 对于学术组织来说，这可能包含不打算申请学校的合格学生，或是已被录用但选择不参加某机构或是特定的学习项目的合格学生，还可能包含选择不申请开放或不开放职位的教职员工，选择其他基金项目或部门的潜在赞助商，决定不参与或作出贡献的校友或贡献者，或选择了其他组织或机会的潜在合作者及合作组织。对于商业和行政单位来说，这将包括有权使用你组织的项目和服务，但选择其他供应商的个人或团体。

② 以学术或学生生活单位为例，这些问题包括如何让学生了解在哪里可以找到有关政策和要求、费用、最后期限、建议、学生生活服务和机会、学习支撑资源、有效的支持服务、道德标准和学术诚信？

- 组织是怎样确保人们在其合适、方便的时间获取特定项目和服务的信息?
- 学生、其他受益者、校园社区、重要的组成团体和普通大众怎样体验到这些改进?

(2)面对面的交流是怎样在你的机构、部门、项目、受益者和赞助团体成员之间发生的?①

- 你组织的哪些个人、团体与你的受益者和赞助团体成员之间有定期的、重要的联系?
- 组织怎样监管与那些团体初次联系或持续交流的动力，来确保注意力、礼貌、响应能力、专业性和组织其他的价值观和标准被支持?

(3)关于受益者和赞助团体需求、期望、经验、观念、满意/不满意水平的信息是怎样用来识别和实施改进后的组织程序、实践，加深利益相关者间的交流并最终促进相互关系的?②

- 关于受益者和赞助团体需求、期望的信息是怎样被分享的?
- 此种信息怎样被搜集、分析并利用以指导组织的实践和利益相关者间的交流?
- 那些改进措施的影响将怎样监测和评估今后的工作?

(4)哪些渠道可供人寻求特殊援助或提出建议、进行投诉登记?组织如何确保及时有效地跟踪投诉、建议或其他类型的反馈?

---

① 这样的例子可能包括在部门办公室或面对面的咨询会议中，当与教职员工互动时遭遇"不速之客"。

② "组织过程和实践"是指用来指明赞助者或机构的需求和期望的协议、标准或指导方针。例如在回复电子邮件、电话或信件的投诉之时规定标准操作时间、等待时间或响应时间。

4 项目和服务

通过项目和服务，学校和其每个组成部门、中心、机构与其他单位得以实现其目的、愿望和价值观。通过项目和服务，教职工的专业知识和机构的其他资源也将对学生、其他校内外的受益人和赞助团体及社会人士有所帮助。

实现和维持高标准的项目和服务是一个重要的、共同的目标，这涉及学术、学生生活、行政和服务部门、机构等。因此，本章关注的是各类型的项目和服务是怎样被设计、支持、标准化、实施、评测、改进或修订的。

对整个机构和学校的许多部门来说，教育项目、服务的有效性和效率是一个主要的关注点。当然，在考虑到机构的任务、资源和能力后，其目标将倾向于提高项目和服务的整体质量(Southern Association，2006)。

正如前面所讨论的那样，学院或大学也存在诸多致力于实现机构目的和愿望但又非主要的学术部门。这包括人力资源、设施、校友事务、会计、公共安全和计算服务部门。与教育部门和项目同步，这些行政和服务单位也都提供项目和服务，它们将成为评审和持续改进进程中的焦点。

不管正在讨论的是哪种类型的组织，我们首先是对任务、眼界及机构、部门或项目的目标进行审视，然后搞清楚当前的项目和服务能否很好地反映这些目标、愿景和方向。考虑它们是人才、专业教师和/或工作人员、设施和资源潜力的最好的展现吗？该项目和服务与受益者和赞助者的需求、期望，与其独特的机遇和挑战相适应吗？它们有获得相适应的资源吗？它们有不断被改进吗？它们应该在大小、范围上增加、减少或取消吗？参见图5。

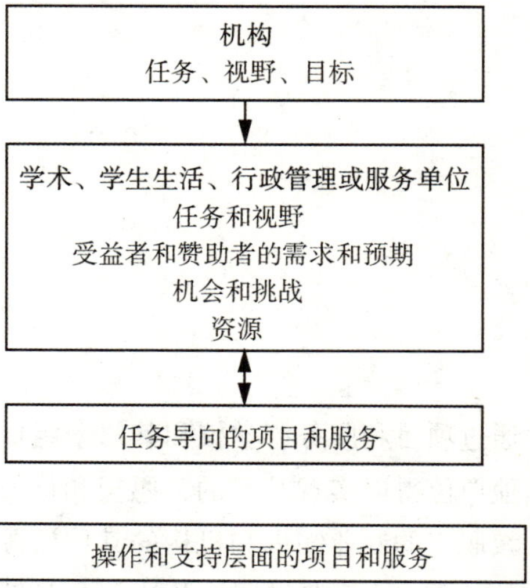

图5　机构、部门、项目和服务之间的关系

任务导向的项目和服务

任务导向的项目和服务对机构、部门或项目的工作及组织创办的目的是至关重要的。对于教育单位来说，大多数机构以任务为导向的项目和服务是与教学、学术、研究和公共服务及延伸部分直接相关的。

当学校学生拥有共同愿景时，机构和项目定期地回顾其学习成效，获得对知识的所有权并确保它们能指导实践是重要的（Association of American Colleges and Universities，2004. 5）。

在学生时代，行政和服务组织、项目、服务和预期的结果将依据单位特定的任务而大幅变动。不管组织的类型是什么，这种重要的持续改进假定其提供的项目和服务已有了明确的目标。明确的目标能促进与受益者、赞助者的高效沟通，平衡各方的期待，给予评估必要的支持。正如第 6 章详细所述，组织目标提供的参考可能与当今活动的质量和效率、成就、项目成效、部门和被评估的机构存在矛盾。

操作和支持层面的服务

把由众多学者、学生生活、管理和服务部门组成的机构作为一个整体，许多幕后的操作和支持层面的活动为任务导向的工作提供必要的基础支持。这些类型的项目和服务对外部团体来说往往是无形的。重要的支持层面的服务包括招聘和雇佣、进行人员评审、培训、采购设备和用品，协调维修和维护、预算、书面申请书、时间和房间安排，准备工作材料和规划会议等。

项目

对于关键任务和操作、支持层面的活动来说，“对细节的疏忽比魔鬼更可怕”。也就是说，项目和服务的整体品质可看做一个高效的把许多特定的、非常详细的活动或过程整合起来的副产品。图 6 展示了这些关系。

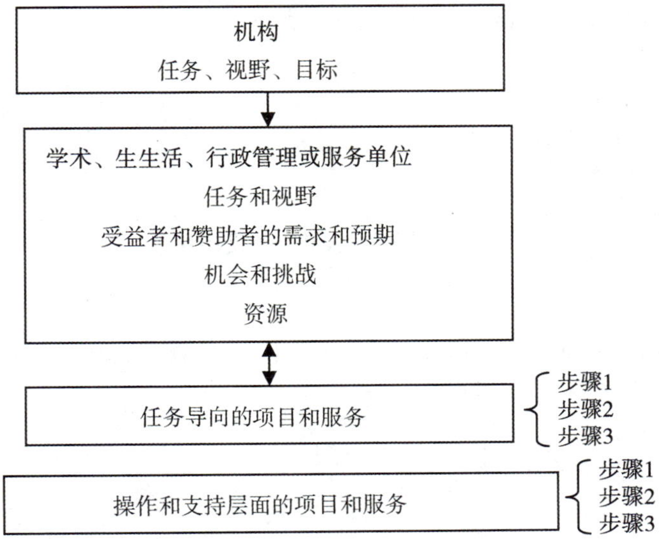

图 6　项目、服务和流程

最管用的做法是，在常规检查时必须广泛关注项目和服务并紧密跟踪那些决定该项目、服务成败的关键步骤。在进行学术项目和服务时，一些流程例如教学/学习、奖学金、服务/延伸服务是必不可少的，这些流程可以并且应该被评估。表2即是此例。

表2　　**教育项目、服务及与流程相关的例子**

项目/服务：教学/学习
相关的流程 • 定义项目和课程目标 • 开发新课程 • 传递课程 • 任命、监督和评估教学效果(兼职老师或其他教师) • 向学生提出建议 • 回顾教学投入来评估教员的升职和任期 • 建立和评审纪律/部门流程和要求 • 评估学习结果
项目/服务：奖学金/研究
相关的流程 • 为研究寻求赞助 • 支持研究和助学活动(经济资源、差旅、设施) • 为教员/学生间的研究合作提供机会 • 管理研究设施 • 促进部门内和机构间合作 • 传播学术出版物
项目/服务：公共服务或其他
相关的流程 • 提高社区外人士的积极性(校友，未来的学生，立法者，合作伙伴) • 提高对教师专业知识的利用 • 推广志愿服务 • 和其他机构发展合作关系 • 与其他部门合作

审查应兼顾程序或服务整体的有效性和效率。此外，审查应考虑相关流程被设计、适当支持、充分标准化和存档、有效地实施、定期评估和改善的程度以及它们是否能实现机构的需求和期望。

关于操作和支持层面的项目、服务和相关流程的审查必须考虑所有相关因素，如表 3 所示。

表 3　**操作和支持层面的服务及相关流程**

操作层面/支持层面的活动
相关的流程 • 预算和财务管理流程 • 执行和监督合同安排(政府、工业部门、其他组织) • 协调资源(人力、财务、设施) • 分配和评估空间、资源 • 订购设备 • 维护和监督程序维护记录(可靠性、保密性、可获取性、安全性) • 管理计算机技术和应用程序

过程分析

如上所述，对项目和服务的评估包括识别和分析任务导向的工作和相关流程。它也包括对重要的操作、支持层面的服务及与该领域相关的流程的分析。但是我们如何来分析该流程呢？为了评估该流程的有效性和效率，可以首先开发一个能识别和描述各个步骤的流程图。为了说明这个观点，可以先研究一个把教育式学习作为中心任务的学术部门。部门内的许多项目和服务通过不断发展来完成教学任务，这其中也包含一系列将被审查的相关流程。新课程在此过程中得到完善。图 7 提供了流程图示例，里面展示了一个假想部门的新课程被批准所需的步骤。

以这种方式解析过程有助于澄清其细节，确定它如何工作，并有可能改善其功能。在这种情况下，过程分析揭示了为什么该机构需要这么长时间引入新课程。从目前运作的情况来看，你可以想象这个过程将满足仔细审核下的制度需求。然而，如果因为这一过程的复杂性以致实现这个结果

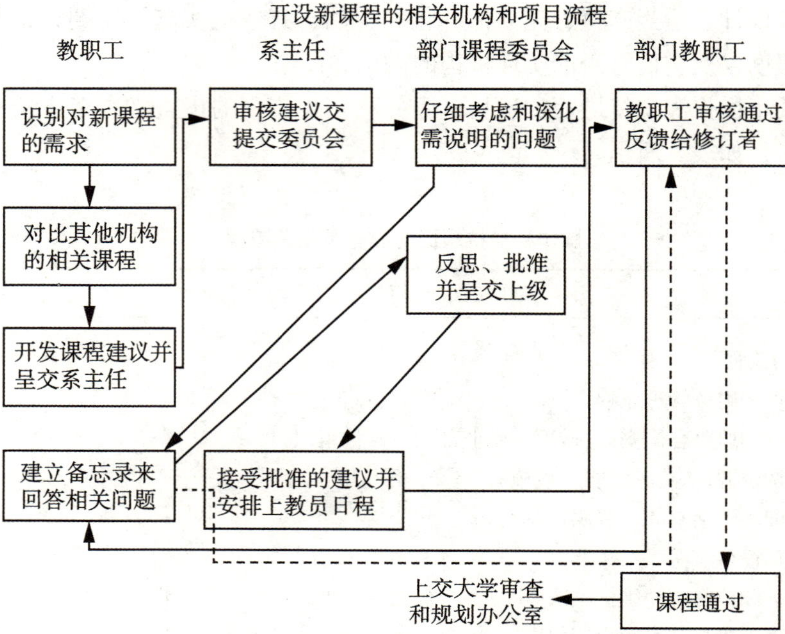

图 7　流程图：开设新课程的步骤

需要一年，教师、学生或雇主的需求和期望可能不会被及时满足。

系统过程的研究可以帮助确定步骤和程序是否需要简化或取消、技术是否要被加速审查和批准等。通常这种分析会导致更有效、更高效、与各方需求更相符的流程。理想情况下，这种方法也会导致被充分记录和标准化的关键流程，这样它们可以很容易地被描述、理解、利用和不断重复。

部门内和跨职能的流程

在某些情况下，流程需要与外部的团体、组织合作。图 8 提供了一个学生在机构内的生命周期中掺杂着的学术、学生生活、行政管理和服务部门等各方事务的流程图。在图中，学术、学生生活、管理和服务部门间的跨职能协作关系对于有效且高效地整合学生的经验是重要的。在某些情况下，集合的跨部门流程通过精细的协调服务被创建；在其他情况下，这一目标可以通过交叉训练和同地的员工来实现；又或在其他情况下，技术可以用来促进项目和服务间的无缝协调。

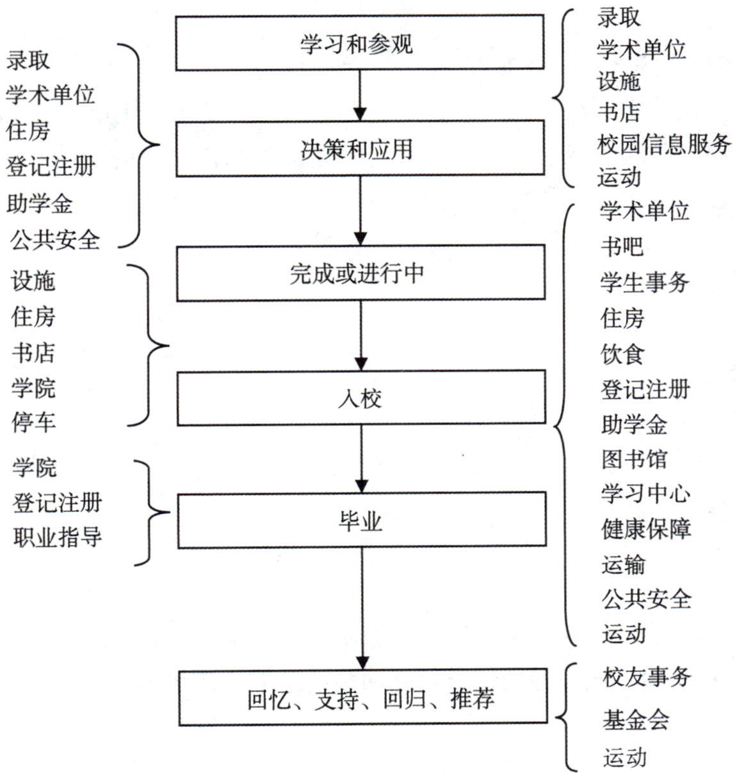

图8　学生在不同职能部门间的经历流程

联盟、服务协议、合作伙伴和其他形式的合作关系也在制度层面上发生。这样的例子包括涉及中学、社区学院和专科院校的招聘和转移过程，与其他机构或部门的合作教学式研究，共享服务协议，为程序、材料、资源或服务创建优先或专属的供应商关系。在其他情况下，对跨职能和部门间项目和服务的仔细检查是项目、部门或机构评审工作中的重要一环。

对比

把自己的项目和服务与其他部门或机构进行对比是评测和改进过程中的一个重要组成部分——无论是在学术、学生生活、服务还是行政领域中。这种对比提供了一个参考框架来分析其程序、服务和它们相关流程的性质、内容和有效性。同时，这也促进了可以被采用或改编的新思想和新方法的产生。

4.0 项目和服务：审查要点

第4章的重点在于对完成和推进机构、部门和/或程序的任务较重要的项目、服务和相关流程。此外，重要的支持和操作层面的活动和过程也被考虑进去。在每种不同情况下，关注点在于其效率和有效性——程序、服务和相关流程将怎样被设计、支持、标准化、实施、评估并改善以保证高标准。

4.1 关键任务型项目、服务和流程

重点：

(1)关键任务型项目、服务是什么？机构、部门、项目的最重要的流程是什么？

- 每个项目或服务是怎样与使命、愿景和组织的远大目标联系起来的？
- 特定的项目和服务会服务于哪些受益者和赞助者？①
- 每个项目或服务的特定目标和预期结果是什么？②

---

① “受益者和赞助者”在更广泛的意义上指的是个人、团体、组织——各种所谓的利益相关者、用户、观众、消费者、客户、公众、“顾客”——你的组织为其提供项目或服务，该顾客会直接或间接地从你的工作中受益——或那些对你组织工作的成功有重大影响的人。以上这些团体将促成组织任务的完成，并对学者、学生生活、管理和服务组织造成不同影响。对于学术组织来说，这些团体和组织包括学生、学科和专业社区、潜在的雇主、校友、学术协会、商业和工业、州和联邦资助机构、私人基金会和捐助者、满怀憧憬的学生和家长、研究生和专业学校、顾问委员会、其他机构的纪律、行政意见领袖、当地和国家政府、社区或国家的公民、大众媒体和其他团体。行政部门在机构中提供项目和服务(如人力资源部门、设施、计算服务和赞助研究部门、教师/管理委员会和其他行政和服务单位)，有关校园团体和组织成为了接受组织服务(可能是教职员工、学生团体)的行政和学术部门组织，在某些情况下又成为了外部团体或组织，如顾问委员会、游客、学生家庭、大众媒体和公众。

② 对于学术和学生生活部门来说，目标将促成与教育/学习、奖学金/研究和公共服务相关的成果。在行政管理领域，焦点将集中于单位内任务导向工作所获得的直接成果。

- 对于每个项目或服务领域，哪些是最关键的流程？①

(2)你的组织怎么保证每一个任务导向的项目、服务和相关流程都是高质量的？用什么方法来确定是否对其制定了适当的标准：

- 是否设计新的程序或服务？
- 是否用适当的财政、技术、人力、物力资源来完成支持层面的项目和服务？
- 是否用标准化的、存档后的流程和程序来确保适当的可靠性和一致性？
- 是否交付项目、服务和它们相关的流程？
- 是否评估项目、服务和流程的结果？
- 是否改善当前的产品，发现新的或精炼项目和服务的可能性，辨别在当前形势下不再需要的项目或服务？

(3)你的组织是如何审查项目、服务和相关的流程的质量和效率，以及如何将结果信息用于改进的？

- 你如何确定项目和服务已达到他们的目标和预期结果？
- 评估的结果是如何适当地反馈给受益者和赞助者的？
- 评估是如何被用来指导审查和改进的？如何调整或取消项目、服务或特定的流程？

(4) 组织如何证明既存的项目、服务和关联流程已从最近的最大的技术革新中受益？

(5) 在任务导向的流程中作为合作伙伴或合作者的哪些团体或组织起着至关重要的作用？高标准的质量是如何在这些组织间的协同工作中建立和维护起来的？

(6)如何在该机构或领域选择同行、竞争对手和领导组织以达成任务导向的项目、服务的目标？什么样的组织被用于该目标？从对比中获取的信息怎样被运用于监测、评估、改善或重建？

(7)任务导向的项目和服务的正式评审频率是多少？那是怎么做到的？由谁做的？

---

① “流程”是指与机构、部门相关的项目和服务中特定的、详细的工作活动的集合。与任务导向的项目、服务有关的流程能让这些组织施展专业技能。对于学术单位来说，任务导向的工作流程是对教育/学习，奖学金/研究和公共服务必要的一系列活动的集合。在行政管理机构，这些流程包括对促成单位任务完成的必要的项目和服务等一系列活动。

4.2 操作和支持层面的服务和流程

重点：

(1)什么是关键的操作和支持层面的服务和相关流程?

- 每个必要的操作和支持层面的项目和服务是什么?
- 对于每个操作和支持层面的服务，最关键的相关流程是什么?①

(2)如何确定自己操作和支持层面的服务和相关流程是有效且高效的?这些信息将怎样用于提高这些服务——或是调整、整合、取消该服务?

(3)用什么方法来实现和维护操作和支持层面的服务和相关流程的质量?你的组织如何确保这样的高标准得以满足：

- 如何设计新的服务?
- 如何用适当的财政、技术、人力、物力来完成支持层面的服务?
- 如何用标准化的、存档后的流程和程序来确保适当的可靠性和一致性?
- 如何交付操作和支持层面的服务和它们相关的流程是什么?
- 如何评估服务和流程的结果?
- 如何改善当前的产品，发现新的或精炼项目和服务的可能性，辨别需要被重建或取消的项目或服务?

(4)组织如何证明既存的操作与支持层面的服务和关联流程已从最近的最大的技术革新中受益?

(5)在操作和支持层面的服务和流程中作为合作者的哪些团体或组织起着至关重要的作用?高标准的质量是如何在这些组织间的协同工作中被建立和维护的?

(6)如何在该机构或领域选择同行、竞争对手和领导组织以达成操作和支持层面的服务的目标?什么样的组织被用于该目标?从对比中获取的信息怎样被运用于监测、评估、改善或重建?

(7)操作和支持层面的服务和流程的正式评审频率是多少?那是怎么做到的?由谁做的?

---

① 在完成任务，开发、实现项目和服务时，操作和支持层面的服务和流程显得尤为必要。这些过程对于外部团体来说往往是看不见的，如财政管理、预算、管理赠款、招聘和雇佣、进行绩效考核、培训、采购设备和用品、协调维修和维护、时间和空间安排、准备工作材料、调度和执行会议等。

5 教工、职工和工作环境

在任何大学中，吸收、发展并保留杰出的教职工是至关重要的。相较于其他机构，高等教育机构更甚，在高等教育机构任职的教职工，决定了所提供的项目和服务的质量。职工的专业技能奠定了教学/学习、学术/科研以及服务/宣传的基础。教职工共同创建并保持了学习和生活环境，在这个环境中，团体以不同的形式和环境创造、共享并发现知识。

由教职工创建的机构，本身就是强有力的教学工具。职工的作用体现在重要课程的讲授，必须遵循机构、部门和项目的组织及运行方式，并在其与学生、同事的接触中完成（Light，2001；Ruben，1995c；Ruben，2004）。甚至非学术部门的员工，也能为教学、组织或项目的荣誉作出贡献。

由于大学和高等教育的使命依赖于教职工，因此，没有什么比创建职场文化、氛围，鼓励实践，认识并奖励卓越、创新以及专业发展更为重要。任何学院或大学面临的挑战是，在致力于达成机构使命、愿景、目标、计划的同时，鼓励个人发展学科和技术能力。教职工是科研和专业团体以及校园社区的一员，对于他们而言，创建一个令其自身满意的环境，充分参与机构生活，尤为重要。

5.0 教工、职工和工作环境：关键评估问题

本章考虑的因素，在于优越的工作场所，杰出、训练有素、投入、协作并忠诚的师资力量。与师资力量相关的问题，关注点在于标准和定位，审查和认可，学习和专业发展以及满意度评估。工作场所实例的考量因素，包括组织结构、岗位与职责以及工作场所的环境和氛围。

5.1 教工和职工

重点：

A. 标准和定位

(1)使用什么方法吸收、选择和保留教职工？①

- 机构、部门或项目如何识别其职工需求？
- 如何在必要的职工资格与能力间抉择？
- 使用什么方法来吸收和选择职工？
- 就开放岗位的建立与沟通而言，希望申请者满足哪些标准和期望？
- 使用什么方法留住优秀员工？

(2)为新员工提供何种类型的定位计划或指导经验？为哪些团体提供，由谁提供？

(3)如何提供与基本工作信息相关的因素：

- 工资和利益
- 核心竞争力
- 绩效考核和晋升机制
- 道德和诚信标准
- 多样性和歧视
- 机构的规则、实例和政策
- 不满和内部纠纷
- 必备的培训和认证

① “职工或工作人员”是指所有拿薪水的雇员，包括全职和兼职教师、教学助理、协助教师、客座讲师、全兼职管理机构和人员以及学生工作者。

B. 审查与认可①

(1)绩效审核项目如何确保教职工团体能够得到及时有用的反馈?

(2)审查与认可系统及其实例，如何用于鼓励、认可并奖励卓越的表现?

(3)补救措施、利益以及相关的奖励和激励措施，如何支持和加强组织方向与重点?

(4)非资金回报、实例或事件，如何用于识别个体和集体卓越性，并加强组织方向和重点?

(5)组织如何正规地检查绩效审核和认可系统，多久检查一次?

C. 学习和专业发展

(1)机构、部门和项目如何识别教职工所需的能力和才干?如何考虑以下因素:

- 方向、愿景、重点、目标及组织的规划
- 教职工的需求、才能及观点
- 工作绩效审核结果
- 必备的认证、证书和鉴定书
- 变化的技术
- 演变的机构或市场的需求及期望

(2)为教职工团体提供哪些个人和专业学习及发展机会?②

- 如何鼓励教职工团体参与项目、部门、学校及其他类型的开发活动?
- 提供了哪些领导力和技能提升机会?
- 如何提供事业发展指导?

(3)用何种方法提供专业的教育和发展?③

(4)如何评估专业的教育和发展机会?怎样利用结果来改善现状?

(5)如何合理处理专门的教育及培训的需求，如领导力开发、技术培训、多样性意识、危机管理、行业培训、英语以及普通教育水平?谁为这

① “认可”包括但不局限于个体或团体的公开承认、个人反馈及功勋授予。它还包括推荐信、荣誉证书、在公告栏或新闻中的文章或者会议通告。

② 在报名参加专业发展活动前后，可能包括公休、实习、专业发展计划或弹性工作时间。

③ 这可能包括定位、传统的学术课程、以计算机为基础的教学、远程教学、校园计划、校外课程、顾问或自学指导。

种培训提供资源，这些项目如何评估？

D. 教职工福利和满意度

(1)机构、部门和项目如何了解职工的经验、职工的需求、期望以及满意和不满意的原因？①

(2)与教职工满意或不满意相关的信息，如何使用，才能更广泛地提高组织实践和工作环境的质量？

- 如何搜集、分析和共享信息？
- 如何使用信息、进行规划和改善的指导？
- 如何监测和评估改善过程及其结果？

(3)企业如何正规地审核教职工满意度测评方法，多久审核一次？

5.2 工作环境

重点：

A. 结构

(1)什么是机构、部门或项目的组织与领导结构？

- 各单位之间是什么关系？
- 组织内，单个主要领域和工作组织的规模如何？
- 各单位的主要功能是什么？

(2)组织如何确定在以下方面加强特定组织与领导结构的适应性：

- 推进使命和愿景
- 有效利用教职工才干
- 确保教职工适当参与的机会
- 公平管理资源和工作负荷
- 考虑受益者、赞助者、教职工的需求和期望
- 与功能操作的国家标准保持一致(例如，美国高等教育标准促进委员会)②
- 利用适当的控制机制，以维持操作的完整性(如财政、人事和信息技术)

---

① 评估教职工的满意度和工作氛围，可以通过以下方式：调查或访谈，员工保留率，缺勤率，离职不满度，其他指标的分析或其他指标体系的建立。对评估、比较和结果的进一步讨论，体现在第6章和第7章中。

② 详情见美国高等教育标准促进委员会网站 http://www.cas.edu/。

(3) 机构、部门或项目如何审核和评估组织结构的有效性?

- 如何建立现行结构,什么时候建立?
- 是否存在周期性审核组织结构的项目?审核过程包括哪些步骤,多久审核一次?
- 过去5年内,有哪些变化或改进?
- 考虑或实施了其他哪些结构变化?

B. 岗位与职责

(1) 机构、部门或项目如何形成并传达岗位描述、相关职责以及绩效标准?

(2) 组织如何设计、筹备并监督工作,进而鼓励:

- 个人主动性和成就
- 部门和机构的卓越性
- 合作和团队精神
- 协作
- 创新
- 价值多样性(包括年龄、种族、种族地位以及性别)
- 对机构和部门道德标准的赞赏

(3) 如何鼓励组织的灵活性?例如,以下因素如何使用:

- 交叉培训
- 工作过程的再设计
- 岗位轮换
- 技术
- 工作分类的简化和减少

C. 工作环境和氛围

(1) 项目、部门或机构使用什么方法以维持工作环境的健康、安全和舒适?

(2) 组织如何确定改进需求,如何监测健康、安全和舒适领域的进展?

(3) 使用什么方法确保机构、部门和项目,在与以下相关的领域中,达到适当的健康和安全标准或监管要求:

- 人力资源
- 物力资源
- 设备
- 电子服务和电子产品

- 实验室
- 电脑

(4)组织如何确保工作场所对紧急状况和灾难的应急准备?①

- 面对紧急状况和灾难时，计划是否行之有效?
- 这些计划的共享、测试以及周期性地审核和更新，如何进行?

(5)使用什么方法创建积极和谐的工作氛围?

(6)项目、部门或机构如何促进和奖励教职工团体间的合作以及团队精神?

(7)组织如何了解教职工对工作环境的感知，如何利用此信息进行改进?

(8)如何利用正规的方法审核和改进工作环境，多长时间审核一次?

① 例如，自然灾害、校园犯罪、校园骚乱、恐怖活动以及诸如信息技术支持这种机构核心功能的丧失。

6

评估和信息使用

本指南在前述章节中已经明确，领导力、目标和计划、受益者和赞助者、项目和服务以及教职工和工作环境，都是构成各机构、部门或项目质量和效益的要素。本章强调如何评估每一领域的进展、成就和结果。第 7 章关注评估结果的内涵。

除此以外，本章着重于你如何确定与哪个同行、竞争者或领导组织，进行结果和成就的比较评估。最后，本章点明了以下两点：如何利用评估信息，如何更广泛地使用教职工的专门知识和经验，去提高机构、部门或项目的质量和效益。

最重要的是，评估是监测机构、部门或项目结果与成就的工具，用以确定它在以下方向的完成度：目标和计划，提供有效领导，解决内外部受益者和赞助者的需求和期望，开发和提供优质服务，保持员工满意的优质环境，有效评估工作结果并指导持续改进。评估被视为机构持续学习的重要组成部分，强调了各机构制订计划，提供一系列与内部使命和结构相一致的结果的必要性（Northwest Commission，2004. 9）。对于机构、学术界、学生生活、行政机关以及服务单位而言，评估举足轻重。对每个单位而言，确定并证实组织目标的完成度、愿景的执行度以及计划的进展程度是至关重要的。

增加对评估的关注度

评估并利用结果信息，一直是波多里奇框架的基本主题，近年来，它也越发成为一个中心议题。根据教育部的规定，认证机构必须定期搜集和分析关键数据与性能指标，包括但不局限于财务信息和学生的成功度(Field，2009)。事实上，认证的一大基本目标就是，促进组织内部文化的形成：定期开发绩效指标并搜集数据，从而指导机构的决策、规划和改进(Western Association，2001. 8)。

为了突出这个观点，第6章把重心放在机构、部门或项目方法的评估上，换而言之，即该机构如何进行持续的、整合的、全方位的研究规划和评测过程。这一过程包括对项目和服务的系统审核，将产生以下结果：(a)持续不断的改进；(b)组织能够有效地完成使命(Southern Association，2006)。

单位经常从精心计划并执行的评估中，获得影响深远的收益，其重要性超出了评价与规划的目的(Kaplan and Norton 1996，2001；Ruben 2004)。以上收益主要包括以下方面：

- 刺激对话，并区分出组织的使命、愿景和重心
- 加强项目和服务的共享
- 就卓越的标准和指标，达成共识
- 识别出目前的优势
- 明确改进的需求
- 提供有意义的比较
- 提高个人和集体责任感
- 鼓励、监测并记录进展
- 提供基于事实的规划、决策和问题解决方法
- 激励教职工
- 为机构、部门或项目的优势提供更有效的沟通依据

为了获得这些收益，评估规划和执行过程必须发动全员，确定评估什么，为什么，以及如何使用结果。这种动员行为，除了提升已开发评估框架的质量外，还能加强活动的参与度和对结果的利用程度。

评估过程的步骤

评估过程始于什么应该被评估的决定。评估的重点将会是领导力、目的和计划、受益者和赞助者、项目和服务、教职工和工作场所或者评估信息的共享。任何情况下，我们所需要知道的基本问题就是："如何判定我们是否成功地实现某一领域的目标？"挑战就是确定用什么信息和证据作为决定因素，在兼顾可用的相关信息时，如何搜集这类信息。决定因素必须点明如何使用多种信息和证据来源，去记录结果、评估进展以及指导改进工作。无论是在整个组织或特定的学科、学生生活、行政工作或服务部门或项目中开展评估工作，其目的都是为了将评估过程融入组织生活之中。

细节和语言有所不同，这取决于评测的焦点和组织的类型。但大体而言，这个过程包含三个步骤：

(1)定义或明确目标。

(2)评估与目标相关的结果和成就，包括在时间上的比较，与同行、其他机构和组织的比较。

(3)监测并使用成果来确定结果与成就，帮助日常决策和资源配置，并提高机构、部门或项目的质量和效益。

表4为建立一个整合的评估框架，提供了更详细的步骤描述。①

表4 **形成集成式评估过程的步骤**

(1)定义或明确目标
• 识别并考虑受益者与赞助者的需求和期望，以及其他的关键因素 • 为项目和服务建立明确、共同的目标 • 保证目标覆盖所有相关的活动 • 向受益者和赞助者清楚传达目标

① 作者欣然肯定美国中部委员会对高等教育出版物的影响，并与 Jean Avnet Morse 进行了讨论。该讨论是关于一般评估计划模型(表4)和学习结果评估模型(表6)的发展。

续表

(2)评估结果
• 使用建立的目标去指导机构、部门或项目各层级的评估活动 • 开发并利用适当的指标、标准、措施和评估项目 • 评估已建立的目标在项目和服务领域的实现程度，并找出差距 • 通过对模式和趋势的检验，来评估进展 • 与其他组织中的同行比较 • 确保评估涵盖了所有已定义的目标以及与组织效益相关的其他因素
(3)使用评估结果
• 恰当地向机构内的同事、受益者和赞助者传达评估的结果 • 恰当地将结果信息与前几年的结果，与竞争对手、同行或领导机构进行比较，确定改进目标 • 使用结果信息，更普遍地改进项目和服务，提升机构、部门或项目的有效性 • 将结果信息融入正式和非正式的规划与决策活动中 • 定期审核、改进和更新目标、评估项目和信息的使用方法

机构评估

机构层面的评估，其目的是为学院或大学的效益提供高水平的评估。图9说明了卓越高等教育框架在机构层面上，将怎样适用于评估。这个方法包括了在认证模型中的相同主题以及体现相同主题的机构层面的评估标准和原则。例如，美国中部的做法，着重于使命和目标、领导力和管理、规划和资源以及评估(Middle States Commission，2006)。与项目、服务和教师相关的问题，也是教育绩效要解决的问题(Middle States Commission，2006)。

在行政管理和服务部门的评估

你也可以此框架为指导，评估学院或大学中的特定学科、学生生活、行政管理或服务单位。这种单位层面的评估方法，适用于评价与具体项目或部门相关的使命和重要目标。

在行政管理和服务部门内，评估的重点是其工作如何完成行政管理和服务的使命及目标，如果该部门提供学生的教育服务，其工作如何提高学

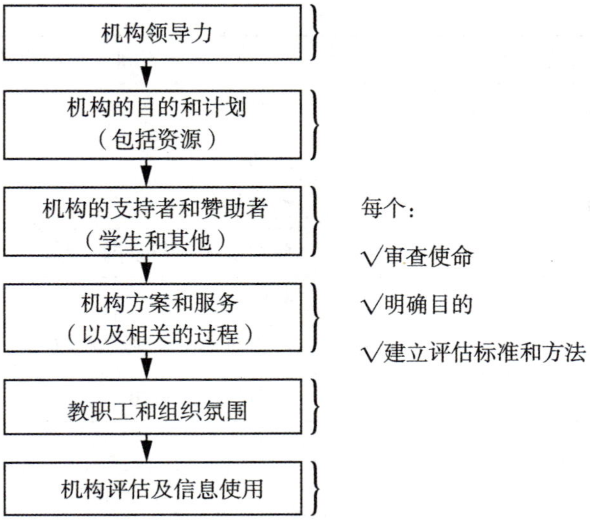

图 9　机构有效性的评估

生的学习和满意度。此过程考虑了部门的领导力、目的和计划、受益者和赞助者、项目和服务、教职工和工作场所以及评估和信息共享。

对于这些部门而言，一组指标和措施是有效的。指标和措施的选择依赖于部门的目的、愿景和组织目标以及项目和服务的性质(见表5)。

表 5　**在行政管理和服务部门中潜在的评价指标**

领导力	操作和支持服务
• 同事和同行的效益评价	• 财政管理的效益
• 绩效审核结果	• 人员招聘和培训的有效性
• 在领导力和项目中的进展	• 遵守政策与法规
• 对学校、社区和专业组织的贡献	• 充足的技术
	• 设备和设施管理的高效性
目的和计划	
• 对使命和愿景的回顾的进展	教职工和工作场所满意度
• 建立正式的战略规划过程的研究进展	• 招聘

续表

目的和计划	教职工和工作场所满意度
• 计划和目标的进展	• 吸引力
	• 离职/保留率
肩负重要使命的项目和服务	• 补偿
• 效益	• 组织文化与氛围
• 效率	• 士气
• 可信性	• 提供的专业课程和项目
• 周期时间	• 对供给的认可
• 资源利用	
	评估和信息共享
受益者和赞助者关系	• 对评估系统研究进展的评价
• 用户对服务的满意度	• 新的评估工具和方法的实现
• 焦点小组的结果	• 评估结果的传播
• 项目和服务的满意度	• 利用结果信息进行改进
• 改善质量及服务提高正面的信誉	

在教育部门和项目中的评估

对机构进行评估，可将机构视为一个整体或行政、服务单位。而在教育部门中的评估，则注重于部门的领导、目的和计划、受益者和赞助者、项目和服务、教职工和工作场所以及评估和信息共享。

对于有课程教学任务的部门而言，评估学习成果是当务之急。以下是评估学习成果的基本问题：

- 通过我们提供的课程、学习机会和生活经验，我们想要实现什么？
- 对于从我们的机构、部门或项目中毕业的学生，我们想让他们知道什么，想让他们做什么？
- 在获取结果时，我们如何评估效益，结果告诉我们什么？
- 我们如何利用评估所得的信息，去改善我们的项目、服务以及相关的进程？

评估过程可能会集中在某一学术部门提供的，一般性的教育课程或学生生活的节目和服务上(例如，或大或小的节目，个人课程)或所有的节目和课程上。

另外，评估也可以跨部门、跨职能，以反映学生经历的一个阶段。如表6所示，大量的教育、学生生活和学生服务功能在学生的生活和学习经验中发挥作用。评估可用于记录在提高的过程中，每个单元对学生学习、满意度和成功的贡献。

不管你选择哪种方法，对教育项目和服务的评估，如图10所示，都包括了学习机会、学生生活、服务单元和功能。每一个功能都是由一系列过程组成，这些过程对于学生的满意度至关重要。对每个功能的评估，如图10，可以依据其对学生经验和学习成果质量的贡献，或对其他既定目标的贡献。

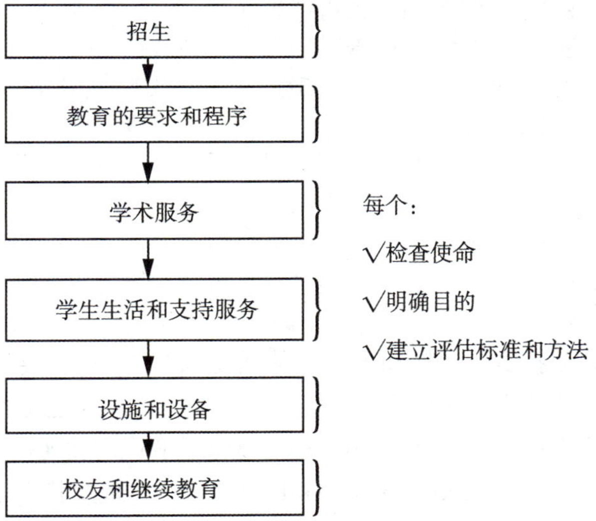

图10　教育服务和过程的评估

表6　**评估教育项目中的教学成果和学习成果**

(1)定义学生的学习目标
• 考虑学生的需求和期望，以及其他关键问题 • 为特定的教育项目、服务、课程和平台建立明确的、共同的目标(例如，第一年的经验、专业或成功经验) • 保证学习目标涵盖了相关的学习机会和活动——学术活动和课程活动 • 将目标传达给学生、机构中的同事以及其他赞助团体

续表

(2)评估学习成果
• 构建恰当的学习成果指标、方法和测评项目 • 随着各机构间有效协调难度的增加(例如，保证适当的连贯性和不必要的重复性)，确保机构内特定的教学和其他教育活动，涵盖了所有已定的目标，包括一般教育目标
• 评估已建立的目标在特定项目、服务和课程上的完成度
(3)使用结果信息
• 适当地向机构内的同事、学生和外部赞助者传达结果 • 使用结果信息，全面提高所有项目中的教学和学习 • 与前几年的结果进行比较，与同行、竞争者和领导机构进行比较 • 将学生的学习评估结果融入整个机构的评估中 • 使用结果指导学生工作的规划、资源分配和日常决策 • 定期审核、改进和更新目标以及涉及目标定义、结果评估并使用评估结果予以改善等诸多步骤的效力

学习的证据

研究成果要求建立指标和方法，从而将项目、部门或组织的教学/学习目标转化为明确且具体的活动、行为、事件或可以通过定性或定量的分析方法搜集证据(Banta and Associates，2002；Banta，2004；Palomba and Banta，1999；Suskie，2004；Walvoord，2004)。在理想状态下，学习成果的评估应该基于直接学习指标(National Communication Association，2006)，但间接学习指标和其他指标有时候也很有用处。参见表 7 中每个类目的例子。

表 7　　学习指标

直接学习指标	间接学习指标
• 入学考试和毕业考试 (课程指向和项目指向)	• 毕业生与焦点小组的离职谈话
• 分班考试	• 对校友、雇主和学生的调查

续表

直接学习指标	间接学习指标
• 档案评估	• 保有率、坚持率、毕业率和转学率以及科研
• 成功经验(如课程、论文及领域工程)	• 获取学位的时间长度(以年/小时为完成单位)
• 标准化考试和内外部计划的期末综合考试(书面和口语)	• 等级分配
• 毕业论文(多人评阅)	• 学术能力评估得分
• 论文或项目答辩(多人评阅)	• 课程入学率和分布
• 必要的口头报告(多个评价者)	• 就业数据
• 国考	其他学习指标
• 执照、资格或专业考试的成绩	• 问卷调查学生，是否完成了课程，专业或项目的目标
• 论述题(多名教师密封阅卷)	• 对于影响学生成功的非直接因素，其数据采集方式，包括课程审核报告，通过访问外部同行专家委员会，评估提交的项目报告
• 必要的论文和研究项目(多人评阅)	• 学院证明和认可
• 内外部综合高级项目评审	• 选课学生的专业、年级及平均分
• 外部评审个人表现	• 师生比
• 外部评估实习成绩	• 出国留学的学生比例 • 入学趋势 • 学生多样性

在特定课程或能力领域内评估学习成果时，组织会发现，使用规则在识别特定的标准或准则中非常有用，规则是个人课程作业评估与更广泛的课程或学术项目及服务的基础(如 Suskie，2004)。举一个简单而熟悉的例子来说明，假设一个特定课程或项目的目标是形成书面表达能力，在这种情况下，此单位可以开发标准化的规则去评估书面作业，这些可能主要包含以下因素：

- 明确目标或主题
- 表达观点

- 支持信息的相关性
- 使用实例和证据
- 组织和清晰度
- 语法和标点符号
- 引用和引用格式的准确性

该单元可以为每个标准指定特定的点或者创建评分量表。评估个人作业可以使用选定的标准和评分系统。此外，这些得分可以合计起来，作为学生在课程或项目开展中的进步指标。理想状态下，这种纵向评估应该由一系列求值公式完成，而不是单一课程的指导老师。

被提到的每一个学习结果指标，与其他可能被选择的指标，都有优势和局限。因此，我们建议使用方法组合。通过对一系列措施的选择和使用，一个单位可以将广泛的教育目标转化为具体的、有形的、可传播并可衡量的评估标准，进而为机构、部门或项目在完成目的方面，提供更明确的成功感。对学习成果评估的提倡，表明清晰的目标和指标，能够帮助学生了解期望，激励绩效，使分级更容易，提高分级的精度和一致性，减少偏差，增进沟通并减少等级间的争论（Suskie，2004，124-125）。

仪表盘

为了确定一组关键的指标和方法，一些项目、部门和机构在所谓的仪表盘指标上采取了进一步的措施，使用仪表盘指标是为了追踪和传达关键领域内的结果，如图 11 所示。汽车仪表盘上的仪表可以为汽车最重要的系统信息提供快速参考，在这种情况下，仪表盘指标具有相同的功效。

不管用什么方法来呈现，我们使用的证据应该满足可靠性、通用性、可验证性、连续性、客观性、相关性、可累积性、有代表性并具有可操作性（Southern Association，2007；Western Association，2002. 10）。关键在于无论采用何种方式评估，其目的是为支持机构的改善而提供相关并可信赖的信息（New England Association，2004. 4）。

对比

如前所述，评估的有效组成之一，就是对比不同时期的结果和成就，从而确定趋势、模式和监控进度。另一个重要的比较方法，就是与同行、

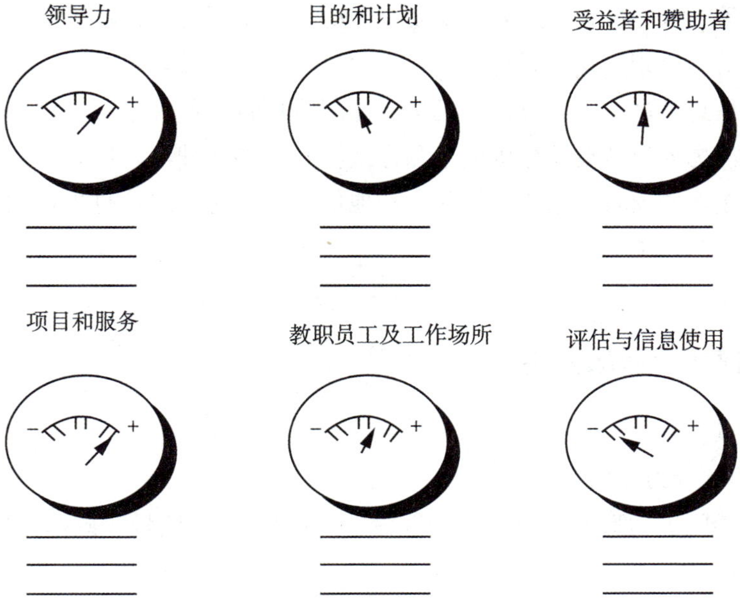

图 11　学术部门或项目的仪表盘

领导企业、竞争机构或组织进行适当的比较。比较评估——又称为“标杆管理”，包括识别、选择以及系统地搜集其他组织的信息，旨在比较本组织与其他组织的方法和结果(Bender and Schuh，2002)。最明显的比较来源是与其他高等教育机构的比较。例如，国家数据库中的毕业生信息，学生参与信息，图书馆馆藏，资助研究产生的收入，实物设施以及信息技术资源都能提供有用的信息。在某些情况下，与其他机构建立标杆关系很有用或很有必要，可以为客观的比较提供有用的信息。

其他行业也拥有可比较的过程和活动，而与这些行业的比较机会取决于单位、项目或服务。例如，教育设施或采购过程可以与工业或健康组织的类似活动进行比较。任何情况下，比较都是审视自己结果信息的重要工具。

6.0　评估和信息使用：审核的关键问题

本章研究机构、部门或项目如何实施评估活动，如何将评估过程融入组织生活中，进而利用进展、结果和成就的信息，去指导组织的重心设置、决策、资源配置、规划以及改善活动。具体而言，相较于同行的领导力、目的和计划、受益者和赞助者、项目和服务、教职工和工作场所以及评估和信息共享，本章讨论了机构、部门或项目如何评估其成就、进展和地位，考虑如何搜集及分析证据和方法信息，如何搜集与同行、竞争者以及领军企业的比较信息，如何共享其他信息，如何使用信息去评估和改善机构、部门或项目。

6.1 评估途径和方法

重点：

A. 领导力评估

(1)机构、部门或项目如何评估领导力和管理的质量和效率(详见第1章的讨论)?

- 领导和管理的目标是什么?
- 以哪种类型的证据、指标或方法为标准，评估结果、进展与目标间的差距?①
- 如何建立指标或方法?
- 使用什么方法或程序搜集信息?
- 如何适当地将评估结果传达给机构内的同事、受益者和赞助者?
- 如何将结果信息更广泛地应用于提高领导力的实践和组织能力中?
- 如何利用这些信息，进行领导力评估程序和方法的审核和更新?多久一次?

B. 目的和计划评估

机构、部门或项目如何评估其目的和计划(详见第2章的讨论)?

---

① 各种指标、措施和其他来源的证据可以用来评估结果，包括学生学习、其他结果、认证、评估成绩或焦点小组发现的趋势数据、调查数据、比较、满意度指数、国家规范(Southern Association，2006)。在评估领导和管理的有效性时，证据可能包括新的领导反馈系统的实现、基于绩效的考核和反馈的领导或领导实践的改进。这种组织氛围的变化归因于在外部校园、公众或职业团体、组织中的领导方案、领导参与的措施和领导角色中的服务。详细讨论请看第1章。

- 当前哪些目标与机构、部门或项目的目的和计划相关?①
- 以哪种类型的证据、指标或方法为标准来评估结果、进展与目标间的差距?
- 如何建立指标或方法?
- 使用什么方法或程序搜集信息?
- 如何适当地将评估结果传达给机构内的同事、受益者和赞助者?
- 如何将结果信息更广泛地应用于提高组织的目的和计划以及机构的能力?
- 如何利用这些信息，进行评估程序和方法的审核和更新? 多久一次?

C. 受益者和赞助者评估

(1)组织如何评估学生、受益者和赞助者的需求、期望及经验的获取效率，如何利用这种信息去建立互惠互利的良好关系(详见第 3 章的讨论)?

- 影响每个受益者和赞助者的首要目标是什么?
- 以哪种类型的证据、指标或方法②为标准，评估结果、进展与目标间的差距?
- 如何建立指标或方法?
- 使用什么方法或程序搜集信息?
- 如何适当地将评估结果传达给机构内的同事，以及其他团体?
- 如何将结果信息更广泛地应用于增强受益者和赞助团体的关系，提

---

① 各种指标、措施和其他来源的证据可以用来评估战略规划的有效性。这包括年度目标、一个新的计划流程的利益、通过建立和测量目标和计划的提升、教师/员工参与规划过程的措施、跨部门或工作团体协调计划以及计划信息有效性传播的指标。参见表 5 和第 2 章的讨论。

② 受益者与赞助团体关系的质量和有效性指标，包括从邮件或电话、焦点小组、访谈获得的满意/不满意结果，咨询小组的信息，意见箱反馈，来自"神秘顾客"的报道以及投诉和表彰的分析。间接的评价也是潜在有用的，它们取决于外部团体所涉及的组织。例如，退学率、建议和推荐、邀请和请求服务在外部团体的领导角色、入学要求和趋势、课程/教室评价结果、投诉或建议的内容和频率、金融支持或出版录取率。适用的方法将根据组织或团体的不同而变化。注意：虽然它可能无法实现系统所有对于赞助团体的评价方法，但是我们可以假设这些指标和适当的方法应该用于所有的重点受益者和赞助者。参见表 5 和第 3 章讨论。

高组织能力？

- 如何利用这些信息，进行评估程序和方法的审核和更新？多久一次？

D. 项目和服务评估

(1)关键的项目、服务和相关过程——机构、部门或项目如何评估这些关键的项目、服务和相关过程(详见第4章的讨论)？

- 每个关键项目和服务的首要目标是什么？
- 对于每个项目或服务，最重要的相关过程的目标是什么？
- 使用哪种类型的证据、指标或方法，去评估与关键项目、服务和过程目标相关的结果和进展？
- 如何建立这些指标和方法？①
- 如何适当地将评估结果传达给机构内的同事以及其他团体？
- 如何将结果信息更广泛地应用到关键项目、服务和过程，以及组织能力的提升？
- 如何利用这些信息，进行评估程序和方法的审核和更新？多久一次？

(2)操作、支持服务及相关流程——机构、部门或项目如何评估重要操作、支持服务及相关流程的有效性和效率？(参见第4.2节)

- 关于操作和支持服务的主要目标？
- 将什么样的证据——指标或措施作为评估的基础？

---

① 对于学术项目和服务，指标包括直接的学习证据，如课前和课后成绩、认证和许可率、学生的投资组合分析或需求和期望的满足程度、整体满意度和教学、奖学金等。如果目标是在更广泛的层面上评估一个学术单位，该指标可能还包括部门区别或识别、项目评级或排名、滞留率、教职工成就、申请人或专业的数量、标准化测试中申请人的分数、完成学位的时间、登记或资源生成、教师出版物、外部团体和组织的领导、研究和资助活动、宣传活动水平、生产力或成本效益结果等。参见表7和第4.1节的讨论。

从行政管理方面说来，学生生活、服务部门、结果和成就指的是提升学生学习和满意度的措施，也包括效力、效率、价值观或是对项目、服务的创新，或是对所属单位的目标、期望和远大组织目标的圆满完成。可以参见表5和第4.1节的讨论。

- 如何建立这些指标或措施?①
- 使用什么样的方法和程序搜集信息?
- 如何更普遍地将结果信息用于改善运营和支持项目、服务、过程和组织?
- 如何用合适的方法将评估结果传达给同事和机构内的其他人?
- 如何以及多久对这些评估流程和使用这些信息的方法进行一次审查和更新?

E. 教职工以及工作场所评估

(1)机构、部门或项目如何在以下这些方面评估其有效性：建立满意的、受欢迎的、高效的工作场所，招聘和保留优秀的教职工，解决教职工需求，提高教职工满意度和保持工作氛围的积极性?(参见第5章)

- 教职工的愿望、需求和目标?
- 以什么样的指标或措施作为评估与愿望、需求和目标相关的基础?
- 如何建立这些指标或措施②?
- 使用什么样的方法和程序搜集信息?
- 如何用合适的方法将评估结果传达给同事和机构内的其他人?

F. 评估和信息使用评估

(1)机构、部门或项目如何评估其测评方法和信息、专业知识使用共享的有效性?

- 评估和信息共享的目标是什么?
- 机构、部门或项目如何在以下这些方面评估其有效性?

---

① 对于操作和支持层面的服务，这些指标可能包括那些对外部目标群体不可见的，但是对目标导向的项目、服务和组织运作的效力和效率十分重要的结果和成就。例如，与指令的运营支持有关的成就，包括调度、人员安排、评估、采购、预算、员工招聘和雇佣、培训和职业发展、信息管理、电子邮件和电话系统及各方面的后勤支持。需要注意的是，在一些行政组织内，作为组织支持流程的推进过程可能是目标导向任务。例如，在人力资源部门，职业规划部的工作被视做关键的任务。可以参见表5和第4.2节的讨论。

② 与教职员工、员工满意度和职场环境相关的结果和成就指标，可能包括对教职工欢迎程度和辅导计划的反馈，满意度结果、氛围调查或访谈的结果，保留或周转率，旷工，关于教职工离职面谈主题的分析或者该单元所选的其他指标。可以参见表5和第5章的讨论。

- 如何建立这些指标或措施[1]？
- 使用什么样的方法和程序搜集信息？
- 如何用合适的方法将评估结果传达给同事和机构内的其他人？
- 如何以及多久对这些评估流程和使用这些信息的方法进行一次审查和更新？

6.2 比较分析[2]

重点：

(1)在每一个卓越高等教育章节(第1~6章)中，你的机构、部门或者项目是怎样将现有成果和过去几年的成果做比较的？

(2)在每一个卓越高等教育章节(第1~6章)中，怎样的机构、部门或者项目被选中做比较分析？它们为什么会被选中？

(3)你的机构、部门或者项目是怎样运用来自这个领域的同行、竞争对手或者领导的比较信息来说明它自己的成果和成就的？

(4)机构运用怎样的方法来搜集现在和将来的机构、部门或者项目所需的最新的比较信息？

6.3 信息共享和利用

重点：

A. 实用性和传播

(1)为保证适当的群体和部门对数据和信息的获取和使用，它们是怎

---

① 在评估和信息共享领域的结果、成就的证据包括成就测量方法的文档完备，从其他组织搜集和利用对比信息的方法的改进，“最佳实践”的传播和采用或是信息、信息入口、可靠性、有效性、安全性的改进，可以参见表5和第6章的讨论。

② 比较评价——也称为基准测试，指的是识别、选择和从其他机构系统搜集信息的过程，为的是把你组织的成果、项目、服务、流程、活动、成就、影响与其他组织相比较。比较者可以是同行、更高教育机构的竞争者或其他行业的有可以与你的流程、服务相提并论的组织。例如，教学、设备或采购流程能与其他部门的同行、竞争院校和组织的相似流程进行比较。与更高教育机构公认的领导者、商界的领导者及健康保健和政府组织进行比较、能为你的组织设定远大目标提供依据。

样被搜集、保存、检索和传播？

(2)什么样的机构信息，包括评估结果，会经常与内部的和外部的群体交流？这种情况一般在何时发生、怎样发生？

- 机构怎样选择数据和信息来进行搜集、保存和传播？
- 信息和信息系统的实用性和可用性是怎样得到保证的？
- 数据和信息的完整性、可靠性、准确性、及时性和安全性是怎样得到保证的？
- 机构是怎样使软件和硬件系统与教育、行政的需求及方向保持一致的？

(3)你的机构是怎样解决信息和信息技术政策的问题的，包括：

- 途径
- 隐私性和保密性
- 权威性
- 互联网的使用
- 所有权
- 安全性

B. 信息和知识利用

(1)机构部门或者项目是怎样鼓励和奖励跨领域、组织教学/学习、组织和机构内知识资源、专业知识共享和利用的？

(2)机构是怎样保证信息传达到合适的个人、群体和组织的？

(3)机构怎样确定数据和信息的有效种类、形式和格式以满足用户的需求？

7 成果和成就

对于任何一所学院或者大学，或者它包含的学生、教师、学生生活、行政管理、服务项目或服务机构来说，卓越、效率和效力是它的最终目标。卓越高等教育框架的核心是要达到这些目标，达到并保持高水平的领导能力、目的和计划、受益者和赞助者、项目和服务、员工和工作环境、评估和信息运用于实践。为了组织自身和其他一些机构的利益，它同时需要足够的信息和证据，以便用一种客观的方式来进行决策，进而证明和论证成果。

然而，第6章是关于建立一种评估方法来许可对实现目标所必需的信息和证据的搜集和使用，本章着眼于评估之后得出来的结果。这一章出现的问题涉及前面六章的文献成果。

7.0 成果和成就：重点检查问题

第7章主要是调查成果和趋势。为了把这些结果放在最有意义的语境中，与同行和其他机构的对比也是需要考虑的主题。下文中表8到表14是用来组织和展示这种信息的说明性表格，图 12 为样本卓越标准和趋势运行表。

本质上，该章在寻求这样一种信息和证据，它允许一个机构、部门或者项目自己决定它现在和过去所处的位置，以及它与同行、竞争对手和本书第 1 章到第 6 章所介绍的领导者的对比。

表 8
领导力

领导力

指标 （我们现在所衡量的）	今年结果 （+/−/?）	与以前的对比 （+/−/平/?）	与计划和目标 对比（+/−/平/?）	与同行和领导 对比（+/−/平/?）
·				
·				
·				
·				
·				
·				
·				
·				

表 9
目标与计划

目标与计划

指标 （我们现在所衡量的）	今年结果 （+/−/?）	与以前的对比 （+/−/平/?）	与计划和目标 对比（+/−/平/?）	与同行和领导 对比（+/−/平/?）
·				
·				
·				
·				
·				
·				
·				
·				

表 10 **受益者和赞助者**

受益者和赞助者

各组指标（我们现在所衡量的）	今年结果（+/–/?）	与以前的对比（+/–/平/?）	与计划和目标对比（+/–/平/?）	与同行和领导对比（+/–/平/?）
•				
•				
•				
•				
•				
•				
•				
•				

表 11 **项目和服务（关键任务）**

项目和服务（关键任务）

各个项目/服务的指标（我们现在所衡量的）	今年结果（+/–/?）	与以前的对比（+/–/平/?）	与计划和目标对比（+/–/平/?）	与同行和领导对比（+/–/平/?）
•				
•				
•				
•				
•				
•				
•				
•				

表 12　　　　　　　　　　**服务(运作的和支持性的服务)**

服务(运作的和支持性的服务)

指标(我们现在所衡量的)	今年结果(+/-/?)	与以前的对比(+/-/平/?)	与计划和目标对比(+/-/平/?)	与同行和领导对比(+/-/平/?)
·				
·				
·				
·				
·				
·				
·				
·				

表 13　　　　　　　　　　**教工、职工和工作环境**

教工、职工和工作环境

各组指标(我们现在所衡量的)	今年结果(+/-/?)	与以前的对比(+/-/平/?)	与计划和目标对比(+/-/平/?)	与同行和领导对比(+/-/平/?)
·				
·				
·				
·				
·				
·				
·				
·				

表 14　　　　　　　　　　　　**评估和信息使用**

评估和信息使用

指标 （我们现在所衡量的）	今年结果 （+/-/?）	与以前的对比 （+/-/平/?）	与计划和目标 对比（+/-/平/?）	与同行和领导 对比（+/-/平/?）
·				
·				
·				
·				
·				
·				
·				
·				

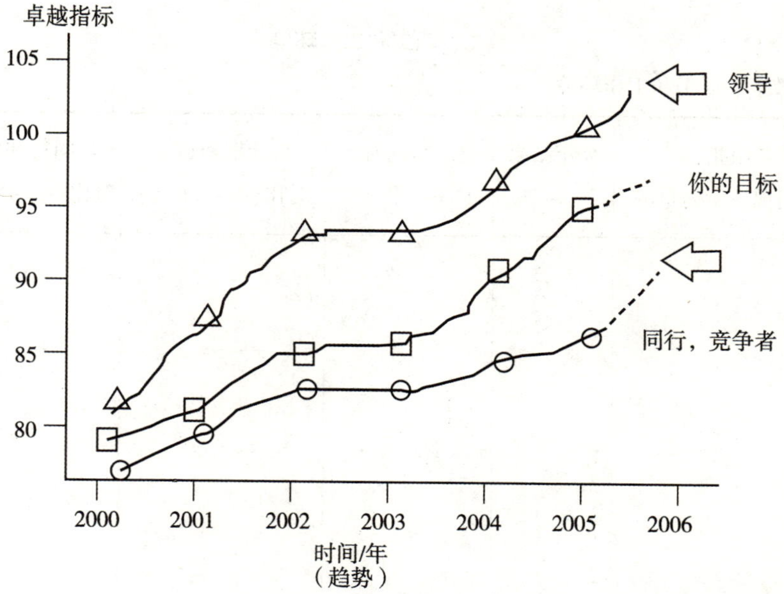

图 12　样本卓越标准和趋势运行表

7.1 领导力

（1）与领导力和管理效力有关的现在和过去的结果和成就是什么？

- 得到领导力效力了吗？或者管理实践在近期改善了吗？
- 这些改善中最重要的是什么？它们的影响是什么？

（2）这些成果与这个机构或者领域的同行、竞争对手或者领导相比怎么样？

- 你在哪些方面做了比较？
- 你将它们和哪些团体或者组织进行了比较？
- 基于这些比较，你所做的最重要的改进是什么？

7.2 目标和计划

（1）与目的和计划有关的现在和过去的结果和成就是什么？

- 近期你的计划的效力得到改善了吗？
- 这些改善中最重要的是什么？它们的影响是什么？

（2）这些成果与该机构或者领域的同行、竞争对手或者领导相比怎么样？

- 你在哪些方面做了比较？
- 你将它们和哪些团体或者组织进行了比较？
- 基于这些比较，你所做的最重要的改进是什么？

7.3 受益者和赞助者

（1）与你的受益者和赞助者团体有关的现在和过去的结果和成就是什么？

- 近期你与特殊的受益人和赞助者团体的关系的效力和质量得到改善了吗？
- 这些改善中最重要的是什么？它们的影响是什么？

（2）这些成果与这个机构或者领域的同行、竞争对手或者领导相比怎么样？

- 你在哪些方面做了比较？
- 你将它们和哪些团体或者组织进行了比较？
- 基于这些比较，你所做的最重要的改进是什么？

7.4 项目和服务

A. 关键任务的项目、服务和相关的程序

(1)与关键任务的项目、服务和相关的程序有关的现在和过去的结果和成就是什么？

- 近期你的关键任务的项目、服务和相关的程序的效力和效率得到改善了吗？
- 这些改善中最重要的是什么？它们的影响是什么？

(2)这些成果与该机构或者领域的同行、竞争对手或者领导相比怎么样？

- 你在哪些方面做了比较？
- 你将它们和哪些团体或者组织进行了比较？
- 基于这些比较，你所做的最重要的改进是什么？

B. 运作及支持的服务和相关程序

(1)运作及支持的服务和相关程序的现在和过去的结果和成就是什么？

- 近期你运作及支持的服务和相关程序的效力和效率得到改善了吗？
- 这些改善中最重要的是什么？它们的影响是什么？

(2)这些成果与该机构或者领域的同行、竞争对手或者领导相比怎么样？

- 你在哪些方面做了比较？
- 你将它们和哪些团体或者组织进行了比较？
- 基于这些比较，你所做的最重要的改进是什么？

7.5 员工满意度和工作环境

(1)与员工满意度和工作环境有关的现在和过去的结果和成就是什么？

- 近期与员工满意度和工作环境相关的结果得到改善了吗？
- 这些改善中最重要的是什么？它们的影响是什么？

(2)这些成果与该机构或者领域的同行、竞争对手或者领导相比怎么样？

- 你在哪些方面做了比较？
- 你将它们和哪些团体或者组织进行了比较？
- 基于这些比较，你所做的最重要的改进是什么？

7.6 评估和信息使用

(1)与评估效力和信息共享方法、实践有关的现在和过去的结果和成就是什么？

- 近期你的评估活动的效率和效力得到改善了吗？
- 这些改善中最重要的是什么？它们的影响是什么？

(2)这些成果与这个机构或者领域的同行、竞争对手或者领导相比怎么样？

- 你在哪些方面做了比较？
- 你将它们和哪些团体或者组织进行了比较？
- 基于这些比较，你所做的最重要的改进是什么？

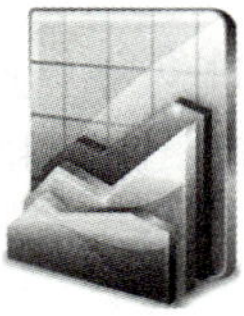

词汇表

achievements 成就。结果、成就、效果的有形的证明。

action plans 行动计划。短期和长期战略规划的一部分具体的活动和步骤。通过行动计划的进行，一般的策略和目标是具体的，从而保证有效的实施是可能的。

alignment 结盟。单位的计划、过程、行动、信息和所决定的持续性和同步性来支撑关键单位和机构范围内的目标。有效的结盟需要一个共享的可理解的目标以及互补性的措施和信息的使用来促进对机构的、单位的、合作小组的、个人的规划、追踪、分析和改进。

approach 方法、途径。一个组织所使用的方法和策略。第 1 章到第 6 章关注实施的同时也关注方法。

assessment 评测。评测机构、部门或项目的方法，实施策略和结果的一个过程。在这层意义上，整个的卓越教育模型是一个评价结构。具体来说，评价指的是将结果和成就与一系列的目标相对比的过程，并以此来评价和指导进一步的改进发展。第 6 章给出了对这个词语更狭隘层面的解释。

benchmarking 建立基准管理，也叫对比，指的是识别、选择和系统地对比本机构与其他机构的表现、活动、项目、服务、过程、成就和影响。对比的对象可以是同行、竞争对手、上层机构也可以是和其他部门开展相同活动的机构。

beneficiaries 受益者。股东、购买者、客户、公众、用户、支持者或者在那些机构承担活动或者提供项目或者服务的人。根据机构目标的不同，这些服务可能包括指导、奖学金、公共服务、外展服务、行政性的支持或者其他功能。受益者名单可能包括学生、教员、职员、学科的和专业的社团，潜在的业主、毕业生、学术机构、家长、商业和工业，州立的和联邦的财政机构，私人基金会和捐赠者，未来的学生和家长，研究所，咨询委员会，其他机构的学科的和行政的领导，当地的和州立政府，社区或者州的居民，或者其他群体，那些和人力资源部门、计算机服务、资助研究、委员会/众议院、其他行政和服务单位这样的机构开展项目和服务的行政部门，也包括与机构、部门或者项目合作的机构内和机构外的单位。

boundary-spanning 跨域。指的是为实现通过合作或信息分享(教授和学习)来促进组织的有效性而引发的个人参与跨越正式组织界线的行为。

collaborators 合作者。为了完成关键性任务，单位必须与之合作的外部群体或者组织，包括参与者、联盟和供应方。

comparisons 对比。建立对比，也称做基准测试，指的是识别、选择和系统地对比本机构与其他机构的表现、活动、项目、服务、过程、成就和影响。对比的对象可以是同行、竞争对手、上层机构或者是和其他部门开展相同活动的机构。

coordination 协调。机构、部门或者项目的计划、过程、行动、信息和决定的协调同步。有效的同步性需要通过一个共享的、可理解的目的和目标以及互利性措施和信息的使用，来促进对机构的、单位的、合作小组的、个人的规划、追踪、分析和改进。

cycle time 周期。完成承诺或者任务所需要的时间。

dashboard performance indicators 指示板性能指标。一系列的衡量方法或者指标，有时指的是结果记分卡，它总结和展示了被视为评估组织卓越的机构功能领域情况。

effectiveness 效力。成功达到预期目标。

efficiency 效率。与时间、金钱和资源有关的经济。

faculty/ staff 教员/职员。指的是所有的教员和职工群体，包括全职和兼职的教员，教学助手、全职的和兼职的职工和学生工作者。

goals 目标。考虑到评估进步和作出决定所需要的足够详细的高水平的目标或者终点。

groups and organizations served 服务群体、机构。受益者、股东、购买者、客户、公众、用户、支持者那些组织活动或者提供项目、服务的人。根据机构目标的不同，这些服务可能包括指导、奖学金、公共服务、外展服务、行政性的支持或者其他功能。受益者名单可能包括学生、教员、职员、学科的和专业的社团、潜在的业主、毕业生、学术机构、家长、商业和工业、州立的和联邦的财政机构、私人基金会和捐赠者、未来的学生和家长、研究所、咨询委员会、其他机构的学科和行政领导、当地的和州立政府、社区或者州的居民或者其他群体，那些和人力资源部门、计算机服务、资助研究、委员会/众议院、其他行政和服务单位这样的机构开展项目和服务的行政部门，也包括与机构、部门或者项目合作的机构内和机构外的部门。

implementation 实施。有关方法展开和应用于组织的方式。

knowledge utilization 知识运用。信息、专门知识和组织成员所享有的知识的有效传播、分享和使用。

leadership system 领导体制。贯穿组织的、正式的或非正式的领导和管理法条；决策制定、交流和实施的方式。这个概念包括决策制定的结构和机制、领导干部、选择和领导者发展。

measures 衡量措施。被一个单位确认为评估、证明或者监测组织成果目标的合适的衡量措施或者指标。衡量措施包括任务，愿景，价值，目标，计划，领导力实践的质量、效率和效力，计划流程，与受益者和支持者群体或者机构的关系，项目和服务，教职工和工作环境，评估和信息使用途径相关的成绩指标。

mission 使命，任务。单位最主要的任务；单位存在的目的，包括对为其提供项目或者服务的群体的详述。一般对机构内外的成员公开。

mission-critical programs，services，and processes 关键任务型项目、服务和流程。最基本的活动和机构、部门或者项目展示的和工作活动相关的后果。也被称做需要机构运用特殊专门知识的核心项目、服务和步骤，对于学术机构来说，关键任务型工作流程主要包括与教学直接相关的活动、奖学金或研究、服务或外展服务。在行政机构，不同部门之间的核心流程是不同的，这在独立的任务、活动、项目和服务中可以反映出来。

organization 组织。一般意义上指整个机构、行政/学术项目或部门、服务或行政部门、教师大会或参议院——即任何高等教育背景的结构化工作单位。

organizational teaching/ learning 组织教学/学习。一般来说，指的是为促进组织内的战略性知识和信息共享而做出的努力，以便从其他组织中吸取经验，增强市场意识、创新意识，促进职业发展和组织领导力有效性的提升。

outcomes 结果与机构目标和计划、领导能力实践、与受益者和支持者的关系、项目和服务、教职工和工作环境，评估和信息利用途径，机构目前完成的这方面的工作、取得的成就和在这期间的表现。

overview 概览。对一个机构的主要服务项目，结构，关键关系，来自前期外部或内部评价的主要建议，主要挑战和机会，同行或者竞争对手及其他对于理解这个组织运作很重要的信息的总结。评估的准备阶段需要搜集这些信息。

performance 绩效。指的是产出或者结果。绩效信息允许对和目标、标准、过去的结果和同行以及其他组织的成就作出相关的评价。

process 过程，步骤。一系列具体的与项目以及机构、部门或者项目服务相关的工作活动。

recognition 识别，承认。承认个人、群体或者工作单位贡献的方法。它包括但不限于对个人、群体或团队的公共认知、个人反馈，优秀奖也包括推荐信、优秀证书、公告或者简报里的文章、单位会议的通告。

results 结果。机构、部门或者项目的成果和成就。

service standards 服务标准。为解决确切的需要和群体目标所实施的组织实践。它们被应用于与外部群体有直接联系的人群和流程中。相关实例包括回叫响应时间、查询响应时间、等待时间或者电话应答协议的标准。

stakeholders 股东。有时指受益者、外部群体、购买者、客户、公众、用户、支持者或者顾客，股东就是机构所服务的、影响机构或者被机构影响的个人或者群体。他们包括那些对组织支持和组织名誉有着很重要作用的人。这些股东可能包括学生、教员、职员、学科的和专业的社团、潜在的业主、毕业生、学术机构、家长、商业和工业、州立的和联邦的财政机构、私人基金会和捐赠者、未来的学生和家长、研究所、咨询委员会、其他机构的学科和行政领导、当地政府和州立政府，社区、州的居民或者其他群体。

suppliers and collaborators 供应商和合作者。是指为一个机构、部门或项目提供完成使命所必需的资金、材料、人力资源，而与另一个组织进行合作的团体或组织。联盟、合作伙伴和供应商这种关系可能存在于机构的其他部门，如招聘、调度、人力资源、会计部门，也可能存在于机构之外的组织，如高中、社区、初级学院、其他学院或大学，另外，提供商品和服务的各种供应商也是该种形式之一。

support services 后勤工作。完成关键工作和组织高效运行所必需的一系列活动，对组织外部的人来说，这些工作往往是看不到的。例如，这些组织流程包括招聘、绩效考核、预算准备、培训、设备和用品采购、维持协调、时间和空间的安排、工作材料准备以及会议安排和组织。

synchronization 同步性。机构、部门或者项目的计划、过程、行动、信息和决定的协调同步。有效的同步性需要一个共享的、可理解性的目标以及互补性措施和信息的使用，来促进对机构的、单位的、合作小组的及个人的规划、追踪、分析和改进。

vision 愿景。机构、部门或者项目对未来的自己的描述；被大多数用来表达抱负。

参考文献

Academic Quality Improvement Program (AQIP). The Higher Learning Commission. 2005. Principles and Categories for Improving Academic Quality. http://www.aqip.org/index.php? option = com_docman&task = doc_view&gid = 38&Itemid =128.

Ahmed, A. M., J. B. Yang, and B. G. Dale. 2003. "Self-Assessment Methodology: The Route to Business Excellence." Quality Management Journal 10(1):43-58.

Albrighton, F, and J. Thomas. 2001. Managing External Relations. Buckingham, U. K.: Open University Press.

Aldridge, S., and J. Rowley. 1998. "Measuring Customer Satisfaction in Higher Education." Quality Assurance in Education 6(4):197-204.

Alexander, L. 2007. "Accountability in Higher Education." Floor statement, May 24. http://alexander.senate.gov/public/index.cfm? FuseAction = Speeches. Detail&Speech_id = a16ef618-bb53-4373-af5d-34b6ee901219&Month=5&Year=2007.

Andersen, B., and T Fagerhaug. 2001. Performance Measurement Explained: Designing and Implementing Your State-of-the-Art System. Milwaukee: American Society for Quality.

Andrade, S. 1999. "How to Institutionalize Strategic Planning." Planning for Higher Education 27(1):40-54.

Argyris, C. 1999. On Organizational Learning. 2nd ed. Oxford: Blackwell Publishing.

Ashkenas, R., D. Ulrich, T. Jick and S. Kerr. 2002. The Boundaryless Organization. San Francisco: Jossey-Bass.

Association of American Colleges and Universities. 2002. Greater Expectations: A New Vision for Learning as a Nation Goes to College. Washington, D. C.: Association of American Colleges and Universities.

Association of American Colleges and Universities. 2004. Taking Responsibility for the Quality of the Baccalaureate Degree. Washington, D. C.: Association of American Colleges and Universities.

Astin, A. W. 1991. Assessing for Excellence: The Philosophy and Practice of Evaluation and Assessment in Higher Education. Phoenix: Oryx Press.

Astin, A. W., and H. S. Astin. 2000. Leadership Reconsidered: Engaging Higher Education in Social Change. Battle Creek, Mich.: W. K. Kellogg Foundation.

Baenninger, M. A., and J. A. Morse. 2004. "Accrediting Learning." In Contexts for Learning, edited by B. Keith, 213-241. Stillwater, Okla.: New Forums Press.

Balderston, F. 1995. Managing Today's University: Strategies for Viability, Change, and Excellence. 2nd ed. San Francisco: Jossey-Bass.

Baldrige National Quality Program. 2007a. The 2007 Criteria for Performance Excellence in Business. Washington, D. C.: National Institute of Standards and Technology. http://www. quality. nist. gov/Business_Criteria. htm.

Baldrige National Quality Program. 2007b. The 2007 Criteria for Performance Excellence in Education. Washington, D. C.: National Institute of

Standards and Technology. http://www. quality. nist. gov/ Education_Criteria. htm.

Baldrige National Quality Program. 2009. Program Web site on the National Institute of Standards and Technology Web pages. http: www. quality. nist. gov.

Banta, T. W. 1993. Making a Difference: Outcomes of a Decade of Assessment in Higher Education. San Francisco: Jossey-Bass.

Banta, T. W. 2003. Portfolio Assessment: Uses, Cases, Scoring, and Impact. San Francisco: Wiley.

Banta, T. W. 2004. Portfolio Assessment: Uses, Cases, Scoring, and Impact: Assessment Update Collection. San Francisco: Jossey-Bass.

Banta, T. W., and Associates. 2002. Building a Scholarship of Assessment. San Francisco: Jossey-Bass.

Bender, B. E., and J. H. Schuh, eds. 2002. Using Benchmarking to Inform Practice in Higher Education. New Directions for Higher Education, no. 118. San Francisco: Jossey-Bass.

Bennis, W. 1997. Managing People Is Like Herding Cats. Provo, Utah: Executive Excellence Publishing.

Bernstein, D., A. N. Burnett, A. Goodburn, and P. Savory. 2006. Making Teaching and Learning Visible: Course Portfolios and the Peer Review of Teaching. Bolton, Mass.: Anker Publishing.

Birnbaum, R., and J. Deshotels. 1999. "Has the Academy Adopted TQM?" Planning for Higher Education 28(1): 29-37.

Blair, D. C. 2002. "Knowledge Management: Hype, Hope, or Help?" Journal of the American Society for Information Science and Technology 53 (12): 1019-1028.

Blazey, M. L. 2003. Insights to Performance Excellence 2003: An Inside Look at the 2003 Baldrige Award Criteria. Milwaukee: American Society for Quality.

Boatman, S. A. 1999. "The Leadership Audit: A Process to Enhance the Development of Student Leadership." NASPA Journal 37(1): 325-336.

Bogue, E. G., and K. B. Hall. 2003. Quality and Accountability in Higher Education: Improving Policy, Enhancing Performance. Westport, Conn.: Praeger Publishers.

Bowen, W. G., and H. T. Shapiro, eds. 1998. Universities and Their Leadership. Princeton, N. J.: Princeton University Press. Boyer Commission. 1998. Reinventing Undergraduate Education: A Blueprint for America's Research Universities. Stony Brook: State University of New York at Stony Brook for the Carnegie Foundation, 1998.

Brancato, C. K. 1995. New Corporate Performance Measures. New York: The Conference Board.

Brennan, J., and T. Shah. 2002. Managing Quality in Higher Education: An International Perspective on Institutional Assessment and Change. Buckingham, U. K.: OECD, SRHE, and Open University Press.

Bresciani, Marilee J. 2006. Outcomes-Based Academic and Co-Curricular Program Review. Sterling, Va: Stylus Publishing.

Bryson, J. M. 1995. Strategic Planning for Public and Nonprofit Organizations. Rev. ed. San Francisco: Jossey-Bass.

Bryson, J. M., and F K. Alston. 1996. Creating and Implementing Your Own Strategic Plan: A Workbook for Public and Nonprofit Organizations. San Francisco: Jossey-Bass.

Burke, J. C. 1997. Performance-Funding Indicators: Concerns, Values, and Models for Two-and Four-Year Colleges and Universities. Albany, N. Y.: Nelson A. Rockefeller Institute of Government.

Burkhardt, J. C. 2002. "Boundary-Spanning Leadership in Higher Education." Journal of Leadership Studies 8(3): 145-150.

Calhoun, J. M. 2002. "Using the Baldrige Criteria to Manage and Assess the Performance of Your Organization." Journal for Quality and Participation 25 (2): 45-53.

Camp, R. C. 1995. Business Process Benchmarking: Finding and Implementing Best Practices. Milwaukee: American Society for Quality Press.

Canic, M. J., and P. M. McCarthy. 2000. "Service Quality and Higher

Education Do Mix. "Quality Management Forum 33 (9):41-48.

"Changing the Way Student Professional Data Is Stored and Shared." 2004. University of California-Berkeley. http://bearlink. berkeley. edu/ ePortfolio/.

Cheng, Y. C. 2003. "Quality Assurance in Education: Internal, Interface, and Future. "Quality Assurance in Education 11 (4):202-213.

Cheng, Y. C., and W. M. Tam. 1997. "Multi-Models of Quality in Education. "Quality Assurance in Education 5(1):22-31.

Collins, J. C. 2001. Good to Great. New York: HarperCollins.

Collins, J. C., and J. I. Porras. 1994. Built to Last. New York: HarperCollins.

Consortium for Research on Emotional Intelligence in Organizations. 2005. http://www. eiconsortium. org.

Cooper, R. K., and A. Sawaf. 1997. Executive EQ: Emotional Intelligence in Leadership and Organizations. New York: Penguin Putnam.

Council for the Advancement of Standards in Higher Education. 2007. http://www. cas. edu/.

Council for Higher Education Accreditation (CHEA). 2007. Washington, D. C. http://www. chea. org/.

Covey, S. R. 1991. Principle-Centered Leadership. New York: Fireside Books.

Cruickshank, M. 2003. "Total Quality Management in the Higher Education Sector: A Literature Review from an International Sector and Australian Perspective. "Total Quality Management and Business Excellence 14 (10):1159-1167.

Cullen, J., J. Joyce, T. Hassell, and M. Broadbent. 2003. "Quality in Higher Education: From Monitoring to Management." Quality Assurance in Education 11(1):5-14.

Curkovic, S., D. Menyk, R. Calantone, and R. Handfield. 2000. "Validating the Malcolm Baldrige National Quality Award Framework through Structural Equation Modeling. "InternationaI Journal of Production Research 38

(4):765-791.

Daniels, S. E., and M. R. Hagen. 1999. "Making the Pitch in the Executive Suite." Quality Progress 32(4):25-33.

Davenport, T. H., L. Prusak, and H. J. Wilson. 2003. "Who's Bringing You Hot Ideas (and How Are You Responding)?" Harvard Business Review, February:3-8.

Detomasi, D. 1995. "Mission Statements: One More Time." Planning for Higher Education 24(1):31-35.

Dill, D. D., and C. P. Friedman. 1979. "An Analysis of Frameworks for Research on Innovation and Change in Higher Education." Review of Educational Research 49(3):411-435.

Dodd, A. H. 2004a. "Accreditation as a Catalyst for Institutional Effectiveness." New Directions for Institutional Research, no. 123:13.

Dodd, A. H. 2004b. "Conflict Communication and the Use of Quality Management Practices in Academic Departments." Paper presented at National Consortium for Continuous Improvement in Higher Education Annual Conference, July, Milwaukee.

Doerfel, M. L., and B. D. Ruben. 2002. "Developing More Adaptive, Innovative, and Interactive Organizations." In Using Benchmarking to Inform Practice in Higher Education, edited by B. E. Bender and J. H. Schuh. New Directions in Higher Education, no. 118. San Francisco: Jossey-Bass.

Dooris, M. J., J. M. Kelley, and J. F. Trainer, issue eds. 2004. "Successful Strategic Planning" (issue title). New Directions for Institutional Research, No. 123.

Douglas, T., and L. Fredenhall. 2004. "Evaluating the Deming Management Model of Total Quality in Services." Decision Sciences 35(3): 393-422.

Dressel, P. L. 1981. Administrative Leadership: Effective and Responsive Decision Making in Higher Education. San Francisco: Jossey-Bass.

Drew, J. R., and M. M. Nearing. 2004. Continuous Quality Improvement in Higher Education. Westport, Conn.: Praeger Publishers.

Driscoll, A. , and D. Cordero de Noriega. 2006. Taking Ownership of Accreditation: Assessment Processes That Promote Institutional Improvement and Faculty Engagement. Sterling, Va. : Stylus Publishing.

Easterby-Smith, M. , Crossan, M. and Nicolini, 2000. " Organizational Learning: Debates Past, Present, and Future. " Journal of Management Studies, 37(6): 783-796.

Eaton, J. S. 2005. " Accreditation and the Chief Business Officer/Chief Financial Officer. " Paper presented at Annual Conference of the National Association of College and University Business Officers, Baltimore, July 2005.

Eaton, J. S. 2006. " An Overview of U. S. Accreditation. " Council for Higher Education Accreditation, Washington, D. C. http: www. chea. org/pdf/OverviewAccred_rev0706. pdf.

Eckel, P. , M. Green, and B. Hill. 2001. " On Change V-Riding the Waves of Change: Insights from Transforming Institutions. " Paper in an occasional paper series of the American Council on Education Project on Leadership and Institutional Transformation and the Kellogg Forum on Higher Education Transformation. http://www. acenet. edu/bookstore/pdf/on-change/on-changeV. pdf.

European Foundation for Quality Management. 2006. EFQM model. Retrieved February 10, 2006. http://www. valuebasedmanagement. net/methods_efqm. html.

Ewell, P. 1994. " Developing Statewide Performance Indicators for Higher Education. " In Charting Higher Education Accountability: A Sourcebook on State-Level Performance Indicators, edited by S. S. Ruppert. Denver: Education Commission of the States.

Falchikov, N. , and D. Boud. 1989. " Student Self-Assessment in Higher Education: A Meta-Analysis. " Review of Educational Research 59: 395-430.

Farrar, M. 2000. " Structuring Success: A Case Study in the Use of the EFQM Excellence Model in School Improvement. " Total Quality Management 11 (4, 5, and 6): 691-696.

Field, K. 2009. " Negotiations over Rules for Higher Education Act End with Mixed Success." Chronicle of Higher Education, June 2, 2009. http://chronicle.com/article/negotiations-over-rules-for/442431.

Flynn, B. B., and B. Saladin. 2001. "Further Evidence on the Validity of the Theoretical Models Underlying the Baldrige Criteria." Journal of Operations Management 19(6):617-662.

Franz, R. S. 1998. "Whatever You Do, Don't Treat Your Students Like Customers." Journal of Management Education 22(1):63-69.

Friedman, D., and P. H. Hoffman. 2001. "The Politics of Information: Building a Relational Database to Support Decision-Making at a Public University." Change 33(3):51-57.

Galloway, L. 1998. "Quality Perceptions of Internal and External Customers: A Case Study in Education Administration." TQM Magazine 10(1):20-26.

Garvin, D. A. 1998. "Building a Learning Organization." In Knowledge Management. Cambridge, Mass.: Harvard Business School Press.

Gates, S. M., C. H. Augustine, R. Benjamin, T. K. Bikson, T. Kaganoff, D. G. Levy, J. S. Moini, and R. W. Zimmer. 2002. Ensuring Quality and Productivity in Higher Education: An Analysis of Assessment Practices. San Francisco: Jossey-Bass.

Gempesaw II, C. M. 2004. "Recruiting and Supporting Academic Leaders at the University of Delaware." In Pursuing Excellence in Higher Education: Eight Fundamental Challenges, edited by B. D. Ruben, 309-314. San Francisco: Jossey-Bass.

Ghobadian, A., and J. S. Woo. 1996. "Characteristics, Benefits, and Shortcomings of Four Major Quality Awards." International Journal of Quality and Reliability Management 13(2):10-44.

Gibbs, P. 2001. "Higher Education as a Market: A Problem or Solution?" Studies in Higher Education 26(1):85-94.

Giber, D., L. Carter, and M. Goldsmith. 2000. Best Practices in Leadership Development Handbook. San Francisco: Jossey-Bass.

Gmelch, W. H. 2000. "Leadership Succession: How New Deans Take

Charge and Leam the Job." Journal of Leadership Studies 7(30):68-87.

Gmelch, W. H., and V. D. Miskin. 1995. Chairing an Academic Department. Thousand Oaks, Calif.: SAGE Publications.

Goleman, D. 1998. "What Makes a Leader?" Harvard Business Review 76 (6):92-102.

Grant, D., E. Mergen, and S. Widrick. 2004. "A Comparative Analysis of Quality Management in U. S. and International Universities." Total Quality Management and Business Excellence 15(4):423-438.

Graves, S. B. 1995. "Common Principles of Quality Management and Development Economics." Quality Management Journal 2(2):65-79.

Hansen M. T., N. Nohria, and T. Tierney. 1999. "What's Your Strategy for Managing Knowledge?" Harvard Business Review, March-April: 106-116.

Hecht, I. W. D. 2006. "Becoming a Department Chair: To Be or Not to Be." Effective Practices for Academic Leaders 1(3):1-16.

Heifetz, R. A, 1994. Leadership without Easy Answers. Cambridge, Mass.: Harvard University Press.

Hexter, E. S. 1997. Case Studies in Strategic Performance Measurement. New York: The Conference Board.

Hill, Y., L. Lomas, and J. MacGregor. 2003. "Students' Perceptions of Quality in Higher Education." Quality Assurance in Education 11(1):15-20.

Horsburgh, M. 1999. "Quality Monitoring in Higher Education: The Impact on Student Learning." Quality in Higher Education 5(1):9-25.

Huisman, J., and J. Currie. 2004. "Accountability in Higher Education: Bridge over Troubled Water?" Higher Education 48(4):529-551.

Jack, E. P., P. R. Stephens, and J. R. Evans. 2001. "An Integrative Summary of Doctoral Research in Quality Management." Production and Operations Management 10:363-382.

Jackson, N., and H. S. Lund. 2000. Benchmarking for Higher Education. Buckingham, U. K.: Society for Research into Higher Education and Open University Press.

Jacob, R. 2004. "An Empirical Assessment of the Financial Performance of

Malcolm Baldrige Award Winners." International Journal of Quality and Reliability Management 21 (8):897.

Jasinski, J. 2004. "Strategic Planning via Baldrige: Lessons Learned." New Directions for Institutional Research, no. 123:27.

Jenkins, L. 2003. Improving Student Learning: Applying Deming's Quality Principles in the Classroom. 2nd ed. Milwaukee: American Society for Quality Press.

Johnson, R., and D. Seymour. 1996. "The Baldrige as an Award and Assessment Instrument for Higher Education." In High Performing Colleges I: Theory and Concepts, edited by D. Seymour. Maryville, Mo.: Prescott.

Jones, J. E., and W. L. Bearley. 1996. 360° Feedback: Strategies, Tactics, and Techniques for Developing Leaders. Amherst, Mass.: HRD Press.

Jones, S. 2003. "Measuring the Quality of Higher Education: Linking Teaching Quality Measures at the Delivery Level to Administrative Measures at the University Level." Quality in Higher Education 9(3):223-229.

Joseph, M., and J. Beatriz. 1999. "Customer Perception of Service Quality in Higher Education: Strategic Implications." Journal of Customer Service in Marketing and Management 5(4):17-31.

Joseph, M., and B. Joseph. 1997. "Service Quality in Education: A Students' Perspective." Quality Assurance in Education 5(1):26-37.

Joseph, M., M. Yakhou, and G. Stone. 2005. "An Educational Institution's Quest for Service Quality: Customers' Perspective." Quality Assurance in Education 13(1):66-82.

Kanji, G., A. Malaek, A. Tambi, and W. Wallace. 1999. "A Comparative Study of Quality Practices in Higher Education Institutions in the U. S. and Malaysia." Total Quality Management 10(3):357-371.

Kanji, G., and W. Wallace. 2000. "Business Excellence through Customer Satisfaction." Total Quality Management 11(7):979-998.

Kaplan, R. S., and D. P. Norton. 1992. "The Balanced Scorecard-Measures That Drive Performance." Harvard Business Review 70(1):71-79.

Kaplan, R. S., and D. P. Norton. 1993. "Putting the Balanced Scorecard to

Work. "Harvard Business Review 71 (5):134-147.

Kaplan, R. S., and D. P. Norton. 1996. The Balanced Scorecard. Cambridge, Mass.: Harvard Business School.

Kaplan, R. S., and D. P. Norton. 2001. The Strategy-Focused Organization. Cambridge, Mass.: Harvard Business School.

Keith, B. 2004. Contexts for Learning. Stillwater, Okla.: New Forums Press.

Kellogg Commission. 2001. Returning to Our Roots: Executive Summaries of the Reports of the Kellogg Commission on the Future of State and Land-Grant Universities. Washington, D. C.: National Association of State Universities and Land-Grant Colleges.

Knight, P. T., and P. R. Trowler. 2001. Departmental Leadership in Higher Education. Buckingham, U. K.: Open University Press.

Koch, J. V., and J. L. Fisher. 1998. "Higher Education and Total Quality Management. "Total Quality Management 9(8):659-679.

Kotter, J. P. 2001. "What Leaders Really Do." Harvard Business Review 79(11):85-97.

Kotter, J. P., and D. S. Cohen. 2002. The Heart of Change: Real-Life Stories of How People Change Their Organizations. 1st ed. Boston: Harvard Business School Press.

Kouzes, J. M, and B. Z. Posner. 1995. The Leadership Challenge. San Francisco: Jossey-Bass.

Kuh, G. D. 2001. "Assessing What Really Matters to Student Learning." Change 33(3):10-17,66.

Lagrosen, S. 1999. "TQM Goes to School: An Effective Way of Improving School Quality. "TQM Magazine 11(5):328-332.

Lagrosen, S., R. Seyyed-Hashemi, and M. Leitner. 2004. "Examination of the Dimensions of Quality in Higher Education." Quality Assurance in Education 12(2):61-69.

Lehr, J. K., and R. E. Rice. 2002. "Organizational Measures as a Form of Knowledge Management: A Multitheoretic, Communication-Based Exploration." Journal of the American Society for Information Science and Technology 53(12):1060-1073.

Lehr, J. K., and B. D. Ruben. 1999. "Excellence in Higher Education: A Baldrige-Based Self-Assessment Guide for Higher Education." Assessment Update 11 (1):1-4.

Leonard, D. 2002. "The Self-Assessment Matrix: A Baldrige-Based Tool for the Introduction Training, and Assessment of Organizational Performance Excellence." Quality Management Forum 28:6-9.

Leonard, D. 2003. "Tips for Gaining Maximum Value from Baldrige or State Quality Award Site Visits and Feedback Reports." Quality Management Forum 29:12-13.

Leonard, D., and R. McAdam. 2003. "Impacting Organizational Learning: The Training and Experiences of Quality Award Examiners and Assessors." Journal of European Industrial Training 27(1):16-21.

Leonard, D., and M. K. Reller. 2004. "Simplify Baldrige for Healthcare." Quality Progress 37(9):35-44.

Light, R. J. 2001. Making the Most of College: Students Speak Their Minds. Cambridge, Mass.: Harvard University Press.

Lomas, L. 2004. "Embedding Quality: The Challenges for Higher Education." Quality Assurance in Education 12(4):157-165.

Long, P., T. Tricker, M. Rangecroft, and P. Gilroy. 1999. "Measuring the Satisfaction Gap: Education in the Marketplace." Total Quality Management 10 (4 and 5):772-778.

Lundquist, R. 1997. "Quality Systems and ISO 9000 in Higher Education." Assessment and Evaluation in Higher Education 22(2):159-172.

"Managed Environments for Reflective Portfolio-Based Learning." 2005. http://www.eportfolios.ac.uk/.

Massy, W. F. 2003. Honoring the Trust: Quality and Cost Containment in Higher Education. Bolton, Mass.: Anker Publishing.

Mayer, P. S. 2002. The Human Side of Knowledge Management: An Annotated Bibliography. Greensboro, N. C.: Center for Creative Leadership

Press.

McAdam, R. S., and W. R. Welsh. 2000. "A Critical Review of the Business Excellence Quality Model Applied to Further Education Colleges." Quality Assurance in Education 8(3):120-130.

McGovern, D., L. Foster, and K. Ward. 2002. "College Leadership: Learning from Experience." Journal of Leadership Studies 8(3):29-41.

Mclnemey, C. 2002. "Knowledge Management and the Dynamic Nature of Knowledge." Journal of the American Society for Information Science and Technology 53(12):1009-1018.

Mergen, E, D. Grant, and S. Widrick. 2000. "Quality Management Applied to Higher Education." Total Quality Management 11(3):345-352.

Middle States Commission on Higher Education. 2002. Characteristics of Excellence in Higher Education: Eligibility Requirements and Standards for Accreditation. Philadelphia: Middle States Commission on Higher Education.

Middle States Commission on Higher Education. 2003a. Resources for Student Learning Assessment. Philadelphia: Middle States Commission on Higher Education.

Middle States Commission on Higher Education. 2003b. Student Learning Assessment: Options and Resources. Philadelphia: Middle States Commission on Higher Education.

Middle States Commission on Higher Education. 2005. Assessing Student Learning and Institutional Effectiveness: Understanding Middle States Expectations. Philadelphia: Middle States Commission on Higher Education. http://www.msche.org/publications/Assessment_Expectations051 22208 1842.pdf.

Middle States Commission on Higher Education. 2006. Characteristics of Excellence in Higher Education: Eligibility Requirements and Standards for Accreditation. Philadelphia: Middle States Commission on Higher Education.

Miller, C. 2006. "Accountability/Consumer Information." Issue paper 3. Secretary of Education's Commission on the Future of Higher Education. http://www.ed.gov/about/bdscomm/list/hiedfuture/reports/miller.pdf.

Mintzberg, H. 1994. The Rise and Fall of Strategic Planning. New York: Macmillan.

Montano, C. B., and G. H. Utter. 1999. "Total Quality Management in Higher Education: An Application of Quality Improvement in a University." Quality Progress 32(8):52-59.

Morley, J. E. 2004. "The Business of Higher Education." In Pursuing Excellence in Higher Education: Eight Fundamental Challenges, edited by B. D. Ruben, 332-337. San Francisco: Jossey-Bass.

National Academy of Sciences, National Academy of Engineering, and Institute of Medicine. 2007. Rising Above the Gathering Storm: Energizing and Employing America for a Brighter Economic Future. Washington, D. C.: National Academies Press.

National Association of State Universities and Land-Grant Colleges. 2001. Shaping the Future: The Economic Impact of Public Universities. Washington, D. C.: National Association of State Universities and Land-Grant Colleges.

National Commission on Excellence in Education. 1984. A Nation at Risk. Portland, Ore.: USA Research.

National Communication Association. 2006. "Suggested Assessment Techniques and Methods." http://www.natcom.org/nca/Template2.asp?bid=282.

Nelser, M. 2004. "Using the Baldrige Criteria for Institutional Improvement: The Excelsior College Outcomes Assessment Framework." In Contexts for Learning, edited by B. Keith, 65-69. Stillwater, Okla.: New Forums Press.

Neumann, A. 1991. "Defining Good Faculty Leadership." Thought and Action 7(1):45-60.

New England Association of Schools and Colleges, Commission on Institutions of Higher Education. 2004. Draft Standards for Accreditation. Bedford, Mass.: Commission on Institutions of Higher Education. http://www.neasc.org/cihe/revisions/standards_revision.htm.

Newton, J. 2000. "Feeding the Beast or Improving Quality? Academics' Perceptions of Quality Assurance and Quality Monitoring." Quality in Higher

Education 6(2):153-163.

Niven, P. R. 2002. Balanced Scorecard Step-by-Step: Maximizing Performance and Maintaining Results. lst ed. New York: Wiley.

Norman, R. M., Haley, W. J., and A. Haislar. 2004. "Applying Excellence in Higher Education in Finance and Administrative Services" In Pursuing Excellence in Higher Education: Eight Fundamental Challenges, edited by B. D. Ruben, 190-201. San Francisco: Jossey-Bass.

North Central Association of Colleges and Universities. The Higher Learning Commission. 2003. Institutional Accreditation: An Overview. Chicago: Commission on Institutions of Higher Education. http://www. ncacasi. org/.

North Central Association of Colleges and Universities. The Higher Learning Commission. 2007. Higher Learning Commission's Academic Quality Improvement Program. http://AQIP. org.

Northwest Commission on Colleges and Universities. 2004. Accreditation Standards. Redmond, Wash.: Northwest Commission on Colleges and Universities. http://www. nwccu. org/Standards% 20and% 20 Policies/ Accreditation%20Standards/Accreditation%20Standards. htm.

O'Neill, M. A, and A. Palmer. 2004. "Importance-Performance Analysis: A Useful Tool for Directing Continuous Quality Improvement in Higher Education." Quality Assurance in Education 12(1):39-52.

Outcalt, C. L., S. K. Faris, and K. N. McMahon, eds. 2001. Developing Non-Hierarchical Leadership on Campus: Case Studies and Best Practices in Higher Education. Greenwood Educators' Reference Collection.

Palomba, C. A., and T. W. Banta. 1999. Assessment Essentials: Planning, Implementing, and Improving Assessment in Higher Education. San Francisco: Jossey-Bass.

Palomba, C. A., and T. W. Banta. 2001. Assessing Student Competence in Accredited Disciplines: Pioneering Approaches to Assessment in Higher Education. Herndon, Va.: Stylus Publishing.

Paris, K. A. 1997. "Strategic Planning in the Framework of a Campus-Wide Vision for the Future." NCA Quarterly (spring).

Pedler, M., J. Burgoyne, and T. Boydell. 1997. The Learning Company: A Strategy for Sustainable Development. 2nd ed. London: McGraw-Hill.

Peiperl, M. A. 2001. "Getting 360° Feedback Right." Harvard Business Review 79(1):142-147.

Przasnyski, z., and L. S. Tai. 2002. "Stock Performance of Malcolm Baldrige National Quality Award Winning Companies." Total Quality Management 13 (4):475-488.

Qayoumi, M. 2000. Benchmarking and Organizational Change. Alexandria, Va.: Association of Higher Education Facilities Officers.

Ramsden, P. 1998. Learning to Lead in Higher Education. Florence, Ky.: Routledge, ITPBK Distribution Center.

Rhodes, F. 2001. The Creation of the Future: The Role of the American University. Ithaca, NY: Cornell University Press.

Rosa, M., P. Saraiva, and H. Diz. 2003. "Excellence in Portuguese Higher Education Institutions." Total Quality Management and Business Excellence 14 (2):189-197.

Rowley, J. 1997. "Beyond Service Quality Dimensions in Higher Education and towards a Service Contract." Quality Assurance in Education 5(1):7-14.

Ruben, B. D. 1995a. "The Quality Approach in Higher Education: Context and Concepts for Change." In Quality in Higher Education, edited by B. D. Ruben, 1-34. New Brunswick, N. J.: Transaction Publishers.

Ruben, B. D., ed. 1995b. Quality in Higher Education. New Brunswick, N. J.: Transaction Publishers.

Ruben, B. D. 1995c. "What Students Remember: Teaching, Leaming, and Human Communication." In Quality in Higher Education, edited by B. D. Ruben, 189-199. New Brunswick, N. J.: Transaction Publishers.

Ruben, B. D. 2004. Pursuing Excellence in Higher Education: Eight Fundamental Challenges. San Francisco: Jossey-Bass.

Ruben, B. D. 2005. "Linking Accreditation Standards and the Malcolm Baldrige Framework: An Integrated Approach to Continuous Assessment, Planning, and Improvement." Paper presented at the Annual Conference of the

Middle States Commission on Higher Education, December, Baltimore.

Ruben, B. D. 2006a. "Departmental Effectiveness: What Is it? Why Is It Important? How Can It Be Achieved?" Effective Practices in Academic Leadership 1 (12).

Ruben, B. D. 2006b. What Leaders Need to Know and Do: A Competency-Based Leadership Scorecard. Washington, D. C.: National Association of College and University Business Officers.

Ruben, B. D. 2007a. Excellence in Higher Education: An Integrated Approach to Assessment, Planning, and Improvement in Colleges and Universities. Washington, D. C.: National Association of College and University Business Officers.

Ruben, B. D. 2007b. Excellence in Higher Education: Facilitator's Guide. Washington, D. C.: National Association of College and University Business Officers.

Ruben, B. D. 2007c. Excellence in Higher Education: Workbook. Washington, D. C.: National Association of College and University Business Officers.

Ruben, B. D. 2007d. "Higher Education Assessment: Linking Accreditation Standards and the Malcolm Baldrige Criteria." In New Directions for Higher Education, edited by S. C. White and T. S. Glickman, vol. 137, Spring: 59-83.

Ruben, B. D. 2009. Understanding, Planning, and Leading Organizational Change. Washington, D. C.: National Association of College and University Business Officers.

Ruben, B. D., S. Connaughton, K. Immordino, and J. Lopez. 2004. "What Impact Does the Baldrige/Excellence in Higher Education Self-Assessment Process Have on Institutional Effectiveness?" Presented at the National Consortium for Continuous Improvement in Higher Education, July, Milwaukee.

Ruben, B. D., K. M. Immordino, and S. A. Tromp, 2010. "Applying Business Insight and Strategy within the Academy: An Idea Whose Time Has Come." In The Business of Higher Education, edited by J. Knapp and D. Siegel. Praeger Perspectives Series (in press).

Ruben, B. D. , L. Lewis, L. Sandmeyer, T. Russ, S. Smulowitz, and K. Immordino. 2008. Assessing the Impact of the Spellings Commission: The Massage, the Massager, and the Dynamics of Change in Higher Education. Washington, D. C. : National Association of College and College and University Business Officers. http://www. nacubo. org/documents/business_topics/full%20study. pdf.

Ruben, B. D. , T. Russ, S. M. Smulowitz, and S. L. Connaughton. 2007. "Evaluating the Impact of Organizational Self-Assessment in Higher Education: The Malcolm Baldrige/Excellence in Higher Education Framework." Leadership and Organizational Development Journal 28(3):230-249.

Russo, C. W. 2001. "10 Steps to a Baldrige Award Application." Quality Progress 34(8):49-55.

Salemt P. 1999. Organization Communication and Change. Cresskill, N. J. : Hampton Press.

Saraiva, P. M. , M. J. Rosa, and J. L. D'Orey. 2003. "Applying an Excellence Model to Schools." Quality Progress 36(11):46-51.

Scholtes, P. R. 1997. The Leader's Handbook: Making Things Happen, Getting Things Done. 1st ed. Ontario, Canada: McGraw-Hill.

Schray, V. 2006. "Assuring Quality in Higher Education." Issue paper 14. Secretary of Education's Commission on the Future of Higher Education. http: www. ed. gov/about/bdscomm/List/hiedfuture/reports/Schray2. pdf.

Senge, P. M. 1990. The Fifth Discipline. New York: Doubleday.

Sevier, R. A. 2000. Strategic Planning in Education. New York: Council for Advancement and Support of Education.

Seymour, D. T. 1989. On Q: Causing Quality in Higher Education. New York: American Council on Education and Macmillan.

Shergold, K. , and D. M. Reed. 1996. "Striving for Excellence: How Self-Assessment Using the Business Excellence Model Can Result in Step Improvements in All Areas of Business Activities." TQM Magazine 8(6): 48-52.

Shirks, A. , W. B. Weeks, and A. Stein. 2002. "Baldrige-Based Quality

Awards: Veterans Health Administration's E-year Experience." Quality Management in Health Care 10(3):47-54.

Shupe, D. A. 1999. "Productivity, Quality, and Accountability in Higher Education." Journal of Continuing Higher Education 47(1):2-13.

Smith, R. M. 1997. "Defining Leadership through Followership: Concepts for Approaching Leadership Development." Paper delivered at the 83rd Annual Meeting of the National Communication Association, November 19-23, Chicago.

Sorensen, C. W., and D. Moen. 2004. "Winning the Baldrige National Quality Award" In Pursuing Excellence in Higher Education: Eight Fundamental Challenges, edited by B. D. Ruben, 202-215. San Francisco: Jossey-Bass.

Sousa, R., and C. A. Voss. 2002." Quality Management Revisited: A Reflective Review and Agenda for Future Research." Journal of Operations Management 20(1):91-109.

Southern Association of Colleges and Schools, Commission on Colleges. 2006. Principles of Accreditation: Foundations for Quality Enhancement. Decatur, Ga.: Commission on Colleges. http://www.sacscoc.org/pdf/2007%20interim%20principles%20complete.pdf.

Southern Association of Colleges and Schools, Commission on Colleges. 2007. "Accrediting Standards." Decatur, Ga.: Commission on Colleges. http://www.sacscoc.org/principles.asp.

Spangehl, S. D. 2000. "Aligning Assessment, Academic Quality, and Accreditation." Assessment and Accountability Forum 10(2):10-11, 19.

Spangehl, S. D. 2004. "Talking with Academia about Quality-The North Central Association of Colleges and Schools, Academic Quality Improvement Project." In Pursuing Excellence in Higher Education: Eight Fundamental Challenges, edited by B. D. Ruben, 179-189. San Francisco: Jossey-Bass.

Spellings Commission. 2006a. "Final Report Draft." Commission on the Future of Higher Education. http://www.ed.gov/about/bdscomm/list/hiedfuture/reports/0809-draft.pdf.

Spellings Commission. 2006b. A National Dialogue: The Secretary of

Education's Commission on the Future of. Higher Education. http://www. ed. gov/about/bdscomm/list/hiedfuture/index. html.

Srikanthan, G. , and J. F. Dalrymple. 2002. "Developing a Holistic Model for Quality in Higher Education." Quality in Higher Education 8(3):215-225.

Srikanthan, G. , and J. F. Dalrymple. 2003. "Developing Alternative Perspectives for Quality in Higher Education." International Journal of Educational Management 17(2 and 3):126-136.

Suskie, L. 2004. Assessing Student Learning. Bolton, Mass. : Anker Publishing.

Tam, M. 1999. "Managing Chaos Involves Changing Management: Implications for Transforming Higher Education." Quality in Higher Education 5(3):227-233.

Tam, M. 2001. "Measuring Quality and Performance in Higher Education." Quality in Higher Education 7(1):47-54.

Tam, M. 2002. "Measuring the Effect of Higher Education on University Students." Quality Assurance in Education 10(4):223-228.

Tang, K. H. , and M. Zairi. 1998. "Benchmarking Quality Implementation in a Service Context: A Comparative Analysis of Financial Services and Institutions of Higher Learning." Total Quality Management 9(8):669-679.

Temponi, C. 2005. "Continuous Improvement Framework: Implications for Academia." Quality Assurance in Education 13(1):17-36.

Tromp, S. A. , and B. D. Ruben. 2010. Strategic Planning in Higher Education: A Leader's Guide. Washington, D. C. : National Association of College and University Business Officers.

Unseem, M. 1998. The Leadership Moment. New York: Random House.

U. S. Department of Education, "Secretary Spellings Announces New Commission on the Future of Higher Education," September 19, 2005, http://www. ed. gov/print/news/pressreleases/2005/09/09192005. html.

Vaill, P. B. 1998. Spirited Leading and Learning. San Francisco: Jossey-Bass.

Van Der Wielw, T. , A. Brown, E. Cowan, R. Millen, and D. Whelan.

2000. "Improvement in Organizational Performance and Self-Assessment Practices by Selected American Firms." Quality Management Journal 7(4): 8-22.

Vokurka, R. J. 2001. "The Baldrige at 14." Journal for Quality and Participation 24(2).

Vokurka, R. J., G. Stading, and J. Brazeal. 2000. "A Comparative Analysis of National and Regional Quality Awards." Quality Progress 33(8):41-49.

Volkwein, J. F 2006. "Coping with the Challenges of Assessment on Campus." Paper presented at the Middle States Commission on Higher Education Annual Conference, December, Philadelphia.

Wallace, J. 1999. "The Case for Student as Customer." Quality Progress 32(2):47-51.

Walsh, A., H. Hughes, and D. P. Maddox. 2002. "Total Quality Management Continuous Improvement: Is the Philosophy a Reality?" Journal of European Industrial Training 26(6 and 7):299-307.

Walvoord, B. E. 2004. Assessment Clear and Simple: A Practical Guidefor Institutions, Departments, and General Education. San Francisco: Jossey-Bass.

Wang, C. L., and P. K. Ahmed. 2003. "Organizational Learning: A Critical Review." The Learning Organization 10(1):8-17.

Warzynski, C. C., and B. F. Chabot. 2004. "Leadership Development at Cornell University." In Pursuing Excellence in Higher Education: Eight Fundamental Challenges, edited by B. D. Ruben, 315-323. San Francisco: Jossey-Bass.

Weinstein, L. A. 1993. Moving a Battleship with Your Bare Hands. Madison, Wis.: Magna.

Welsh, J. F., and S. Dey. 2002. "Quality Measurement and Quality Assurance in Higher Education." Quality Assurance in Education 10(1):17-25.

Wenger, E. C., and W. M. Snyder. 2000. "Communities of Practice: The Organizational Frontier." Harvard Business Review, January-February:139-145.

Western Association of Schools and Colleges, Accrediting Commission for Senior Colleges and Universities. 2001. Handbook of Accreditation. Alameda,

Calif. :WASC. http://www. wascsenior. org/wasc/Doc_Lib/2001 %20Handbook. pdf.

Western Association of Schools and Colleges, Accrediting Commission for Senior Colleges and Universities. 2002. A Guide to Using Evidence in the Accreditation Process: A Resource to Support Institutions and Evaluation Teams. Alameda, Calif. :WASC. http://www. wascweb. org.

Willits, B. S. , and L. E. Pollack. 2004. "Penn State's Excellence in Leadership and Management Program." In Pursuing Excellence in Higher Education: Eight Fundamental Challenges, edited by B. D. Ruben, 324-331. San Francisco: Jossey-Bass.

Wolverton, M. , and W. H. Gmelch. 2002. College Deans: Leading from Within. Westport, Conn. :American Council on Education and Oryz Press.

译后记

国家留学基金管理委员会和美国罗格斯大学（新泽西州立大学）共同举办的教育行政人员和教师研修项目——高校领导力培训班，于2013年7月11日至8月9日在美国罗格斯大学进行。武汉大学选派了组织部部长赵雪梅、本科生院院长陈传夫、历史学院党委书记刘礼堂、物理科学与技术学院党委书记付兴荣、计算机学院党委书记黄治国、信息管理学院党委书记董有明、水利水电学院党委书记屈文谦、基础医学院党委书记蒋明等8名管理人员组成赴美培训小组参加了培训。

作为授课教师之一，罗格斯大学组织发展与领导力中心创始人与行政主管布兰特·罗本（Brent D. Ruben）教授讲授了大学领导力和组织实践专题。罗本博士是罗格斯大学组织发展和领导力中心主任、沟通和执行董事会的杰出教授，获得了爱荷华大学的学士、硕士和博士学位，是美国高等教育持续改进联盟（NCCI）的第一任主席，美国教育部认证监管规则制定小组成员，也是美国标准与技术研究所（NIST）教育和波多里奇试点教育和医疗咨询评估团队成员，获得了美国高校事务官联盟的职业发展和学术奖（2003）。他已经出版40本著作，公开发表200篇文章。

布兰特·罗本博士授课时，介绍了他的关于高校领导力方面研究的三本专著：《卓越高等教育指南——大学评测、规划和改进整合方法》和《领导者需知必做——领导能力记分卡》，以及《高等教育战略规划——领导者手册》。罗本博士讲授内容丰富，特别是所提出的卓越的高等教育应具备的领导能力等问题很值得进一步研究探索。我们对他的讲授印象十分深刻，得知这三本书在高等教育领导力领域广受欢迎，但还没有出版中文版。于是我们向罗本建议出版中文版，他欣然同意。回国后，赵雪梅等和武汉大学出版社与这套书的美国出版机构进行了多次磋商，得到了授权，达成了出版协议。陈传夫等培训组8名成员即合作进行了翻译工作。

《卓越高等教育指南——大学评测、规划和改进整合方法》阐述了评估、计划和改进方面的两个重要方法。第一个方法是采用Baldrige模型。Baldrige模型（Baldrige，2009）被普遍认为是权威的组织评价模型之一，在美国高等院校的项目和机构评估中最明显和被广泛使用的标准。第二个方法是美国高等教育委员会采用的卓越高等教育（EHE）模型。EHE模型针对高等教育中的特定需求进一步扩展了Baldrige模型，吸收了Baldrige模型和评价框架中的优点，提供了一个整合的方法来评价、规划以及改善整个机构，在各个层面上进行有效的回顾和评估，从整体的角度提出可改进的重点方向。由于Baldrige模型强调改进，而EHE模型将服从列为首要关注和最重视的问题，二者互相弥补，一起成为高等教育概念化、文本化、追求卓越和有效性的最佳指南。

《领导者需知必做——领导能力记分卡》总结和综合了各种关于领导力的观点，并提供一个集成的、基于领导力的模型。模型回答了领导需要知道什么和可以做什么的问题。作者找出了领导力的关键方面，并将其归纳为35个主题，又将这些主题分为分析能力、个人能力、沟通能力、组织能力、职级胜任能力等5个领导技能领域。总的来说，这5个技能领域和35个主题构成了本书中的领导能力记分卡。

《高等教育战略规划——领导者手册》是由罗格斯大学组织发展和领导中心的副主任、罗格斯大学副校长谢里·邓普（Sherrie Tromp）与布兰特·罗本合著的。该书为高等教育的战略规划提出了一个综合的规划方法。此方法由7个模块组成。每一个模块都描述了战略规划框架的一个阶段。著作对每个阶段的战略规划要点进行了分析：（1）领导——在规划过程中，负有责任的个人或团体如何指导组织制订并实施计划进度和目标，进而推进使命、愿景和价值的实现；（2）沟通——如何在组织内传达、提升、协调计划和目标；（3）评估——如何评估计划和目标的进度；（4）文化——组织的语言、历史、规则、传统和习惯如何影响规划的动态性。

目前，我国对大学领导力的研究越来越受到重视，翻译出版这套书也是恰逢其时。在中文版出版之际，让我们对支持并资助高校管理干部访问培训的国家留学基金管理委员会表示感谢；对支持帮助我们成行的校党委和行政部门表示感谢；对行前给我们嘱托的韩进书记、冯友梅常务副校长、黄泰岩副书记和在美期间鼓励我们的李晓红校长等表示衷心感谢；对为我们授课的罗格斯大学的教师和为培训班付出辛劳的美国朋友们表示衷心感谢；对学校党委组织部、人事部等相关部门的朋友们为培训工作付出的辛勤劳动表示衷心的感谢！

感谢美国大学事务官协会、英文版权联系人 Tadu Yimam 授权翻译出版中文版。中文版是集体劳动的成果。感谢武汉大学出版社各位领导，总编室人员及各位编辑的大力支持和辛勤工作，感谢武汉大学信息管理学院研究生冯昌扬、王甜甜、刘凤、黄丹和许佳玲的译校工作，以及对中文版的出版给予了支持与帮助的各界朋友！本书翻译出版由于时间仓促，翻译工作中难免存在着这样那样的不足，欢迎各位读者不吝赐教。

武汉大学管理人员赴美培训小组

2013年11月30日